中高生からの論文入門

小笠原喜康　片岡則夫

講談社現代新書

2511

はじめに　論文を書いてみましょう

人工知能だ、ロボットだ、というこれからの社会、何事もコトバだけ知っていても、役に立ちません。これからの社会では、知っている知識を、自分なりに使えなくてはなりません。そのため大学入試も、これから大きく変わります。それは、こうした世の中の変化をみすえてのことです。

そうした変化の中で、いま一番求められているのは、自分の考えを組み立てる力です。本書では、中高生のみなさんが、その力を培うために書く、論文のノウハウをガイドします。論文は、自由作文とは違います。なにより、自分のテーマを決めるのが難しい。なにを書いたらいいのかよりも、そもそも自分がなにに関心があるのかがわかりません。

そこで本書では、どうしたら自分の関心を見つけだし、絞り込み、組み立てるのか、その手順をていねいにガイドします。あまり構えなくても、一通りこのガイドにそって探究すれば、だれでもともかくもある程度書けるようになります。

本書では、そのために、ポイントをパッと見てわかるように、図解や箇条書き、そして事例を多くしてあります。論文、論文と構えずに、自分の中にある疑問や関心を見つけだし、掘り下げるつもりで、取り組んでみてください。

変わる大学入試

二〇二一年から、大学入試が大きく変わります。それは、明治以来の日本の教育の中で、もっとも大きな変化となるでしょう。なにが変わるのか。箇条書きしてみましょう（中教審答申）。

・一点刻みの点数ではなく、段階別評価になります。
・なにを知っているかよりも、なにを学びたいかが問われます。
・一発入試ではなく、高校時代になにをしてきたのかが問われます。
・これまでのような短い小論文ではなくて、大学のインターネットや図書館を使って、長い論文をその場でパソコンで書かせられます。
・討論や面接、そしてプレゼンテーションが課せられます。

ともかく、いままでの大学入試に関する常識は、ほぼ通用しません。もちろんすぐには、この全部が変わるのではありません。でも、いま中学生のあなたが、大学に入るころには、こんな感じになっているはずです。

すべての大学が、このようになるとも思われません。しかし少し難関な大学、国立の大学なら、ほぼこのようになるでしょう。となれば、回り道のようだけれども、もっとも有効なのは、あなた自身の探究力・構築力・表現力を磨くのが一番ということになります。

論文を書く探究学習では、さまざまなスキルが得られます。パソコンによる文書作成の技はいうに及ばず、情報検索や正確な引用の仕方など、どんな場面でも役立つ技術がたくさん身につきます。自分が興味を持ってこだわることに取り組んでいれば、こうした力は自然とついてしまいます。

とはいえ、論文作成はそうした能力を磨くためだけにすることではありません。むしろ、あなたが探究的に学ぶ道のり（過程）それ自体が目的です。論文作成（探究学習）は、今の自分があるべき自分を見つけ、成長するチャンスです。

著者たちの思い

この本の私たち二人の著者は、それぞれにこれまで論文の書き方の本を出してきました。

小笠原は大学で学力論を研究しながら、これまで六冊の論文論の本を書いてきました。片岡は中高の教員をやりながら学校図書館を通じて論文指導をおこない、これまで三冊の論文論の本を書いてきました。

私たちがなぜ論文論の本を書いてきたのか。それは、日本の子どもたちに、自分を探し、自分の考えをつくってもらいたかったからです。自分の考え・意見と活力を持って、よりよく生きようとする人間に育つこと、それが教育の究極の目的です。学校教育の本来の仕事は、自律した人格をはぐくもうとする、一人ひとりをサポートすることです。

しかし小笠原には、そのときの情景をありありと思い出せるほどの、苦い経験がありま す。小笠原が、在外研究で家族とアメリカの大学に行ったときのことです。中学校三年の長男が現地校に通いはじめてまもなく、こういうのです。

「お父さん、こっちの子はみんな、なんか違うんだよね」

「へえー、そうなんだ。人種とか民族とか、宗教による服装とか髪型とかが違うの？」

「ううん、そうじゃなくて、一人ひとりみんな違うんだ。日本の友だちもみんな違うと思ってたけど、こっちに来てみると、日本の子はみんな同じなんだよねぇー」

これを聞いたとき、小笠原は大きなショックを覚えました。なぜならそれまでの日本の教育界では、いつも個性重視とか主体性を大切にといってきたからです。にもかかわらず、日本の子どもたちには個性がとぼしい。個性や主体性を大切にしていないから、いつも個性重視・主体性を大切にといってきたのだということに、そのとき嫌というほどに気づかされたのです。

アメリカから帰国して後、小笠原は論文論の本を書きました。それも、論文とはなにかといった大上段からの目線ではなく、学生たちの論文作成を実際にサポートするための本を書いたのです。幸いその本は、とてもよく売れ、今日までロングセラーとなっています。

しかし、はたしてこれで日本の学生たちは主体性をはぐくんでいるのでしょうか。残念ながら、そうではないと思います。大学生では遅すぎるというわけではないのですが、もっと前から、自我が伸びてくる中高生にこそ、論文は必要なのではないか。

私たち二人の思いはここにあります。大学入試が変わるこの時期に、先生方にも読んでいただき、これからの日本の教育を変えてもらいたい。本書はその思いで書かれました。

著　者

二〇一九年正月

目　次

1

論文作成の基本の基本

――学びの大航海へ出発！

この章では「論文作成とはなんだろう？」という疑問に答えます。はじめて「研究論文」や「探究学習」に挑戦しようという読者のために、論文作成の意味や道のりを紹介します。また論文作成のための準備や道具にも触れます。

自分でテーマを決めて調べてまとめる、そんな「調べ学習」を小学校で経験しませんでしたか？　調べ学習は、論文のはじまりです。しかし、論文にはその先があります。

自分で取り組むテーマ（問い）を考えて、そこに自分なりの結論（答え）・主張を、根拠を添えて提出するのが論文です。調べたいことをただ「調べました・まとめました」では論文にはなりません。まずは、そのあたりの違いを知ってください。

くわしいことはあとの章でお話ししますが、ここでは論文作成の基本の基本、論文を書く前の準備や心構えなどのお話をします。

1・1 論文とはなにか

1・1・1 論文の原則

論文作成は、どんな作業なのでしょう。この本では、論文を次のように考えています。

①**何かをテーマとして**（自分なりの問いを設定して）、
②**先行の研究や調査や実験・観察を踏まえて**（資料を引用・参考にして、あるいはフィールドワークなどを通じて）、
③**オリジナルな結論**（答え）**を論理的に主張する**（論証する）。

論文作成と「調べ学習」や「学習レポート」との大きな違いは、この①テーマ設定にあります。「〜について勉強しました」という報告ではありませんし、与えられた問いに答えることでもありません。ましてや、感じたり考えたりしたことや経験を報告する、作文

や読書感想文ともちがいます。つまり、「自分で問いを見つけ自分で答える」という、これまでの学校の授業では求められなかったかもしれない課題が、論文作成なのです。

「そんな難しいことはしたことがない、できるわけがない」と思いますか。たしかに簡単ではありません。ふだんの授業では、問題があって、その答えにたどり着けばよいのですから。ところが、**論文作成は答えのない、あるいは幾通りもの答え方のあるテーマ（問い）探しからはじまります。そのうえで、証拠をそろえ、答えに近づこうという道のりです。**

どんなことがテーマになるのか、はじめはわかりません。しかし、自分の興味に目をこらして学べば、取り組むに値する分野やテーマは見つけられます。しかも、自分自身が大切に思う世界に踏み込むのですから、論文づくりはたいへんでも、充実感のある楽しい経験になります。だいじょうぶです、たくさんの中高生が素晴らしい作品を残しています。

1・1・2 「自分」と「ひと」とを区別する

先の論文の考え方②では、「先行の研究や調査や実験・観察を踏まえて」論文を書くとしました。論文作成では、似たようなテーマで書かれてきた本や資料を参考にします。資料を探して読んで、内容を引用しながら、自分の主張や答えをつくっていくのです。ですから、論文の内容は「だれによって書かれたか」によって次の二つにわかれます。

A　自分のコトバ：自分なりの意見・コメントの部分です。たとえばテーマ設定の背景にある意義や動機、引用から考え解釈し主張する部分です。

B　他者のコトバ：資料から引用・要約し、インタビューで書き留める部分です。

つまり論文作成は「自分のコトバ」でテーマ設定をして、「他者のコトバ」を引用や要約しながら、「自分のコトバ」で解答や主張をする作業なのです。それだけに論文では、**「自分のコトバ（主張・見解・コメント・意見）」と、「他者のコトバ（引用・要約・事実）」とを、はっきり区別しておかなければなりません。これが論文の大原則です。**

ところがこうした書き方に慣れていないと、自分と他者とのコトバの区別ができないで、だれかの書いたものを、自分が書いたかのようにしてしまうことがあります。その最たるものがコピペ（コピー&ペースト）です。ウィキペディアや本の一部をそのまま、あるいは語尾を少し変えて、あたかも自分が書いたようにつくろってしまうのは**絶対にダメ**です。

とはいえ、論文は、「コピー禁止」なのではありません。その出所（出典）をきちんと示す手続きさえすれば、丸写ししたってかまわないのです。やり方は、第3章・第5章を参照してください。

1・1・3 テーマは一文・結論も一文

論文は、①何かをテーマとする（自分なりの「問い」を設定した）文書です。つまりテーマは、疑問文を含んでいるべきなのです。よく小学生の調べ学習に「イルカについて」といったタイトルがあります。これではイルカを調べました、というものですから論文にはなりません。

中高生が実際に書いた論文のテーマを見てみましょう。

「学生服のデザインはどのようにして決まるのか」（中）
「クラシック専用ホールはなぜ『専用』なのか」（中）
「給食の残食はどのようにすれば減らせるのか」（中）

「冷凍食品はなぜ普及したのか」（中）
「畳に対する意識の変化はなぜ生じたのか」（中）
「チャイルド・ライフ・スペシャリストは病院に必要か」（高）
「ロックは我々の何を映し訴え続けてきたのか」（高）
「マーチングバンドにはどのような歴史と教育的意義があるのか」（高）

どれもが疑問文になっていますね。この一文をつくるのがテーマ設定です。

さて、論文は③「オリジナルな結論（答え）を論理的に主張する（論証する）」文書でもありました。ですから、立てたテーマ（問い）に対応した、結論（答え）がなければなりません。それもまた一文で表現できれば立派です。たとえばある高校生の書いた論文は次のようなテーマと結論がありました。

問い　動物実験はなぜ目に見えないのか。
答え　各動物実験施設が自主管理体制をとっているため、国は動物実験の現状の把握ができておらず、情報の公開に必要な情報の収集が十分におこなわれていないから。

問い　日本ではなぜe-Sportsが普及しなかったのか。
答え　日本におけるゲーム産業のパッケージ販売型ビジネス形態と、e-Sportsにおけるゲームタイトルを長期間にわたって採用するビジネス形態がかけ離れているから。

このように問いと答えがうまく結びつくことを「論文が着地する」といいます。そのうえで、完成時のメインタイトル・サブタイトル（主題・副題）には、こうした問いとともに結論（主張）が端的に盛り込まれていれば、最高です。読者はタイトルを読むだけで、作者の問題のありかと主張がわかるのですから。

1・2　論文作成のための準備

1・2・1　パソコンを手に入れよう

さて、論文作成がなんなのかをざっとみたところで、今度は論文作成の具体的な準備をしましょう。はじめは、**パソコンが論文作成のメインツール**になるというお話です。

できるかぎり自分用のパソコンを持つべきです。いきなりお金のかかる話ですが、手に入れるなら早い方がよいです。論文作成は、文書作成ソフトによる執筆が中心になるからです。表計算ソフトやプレゼンテーションソフトも使います。何より、授業時間で論文が書けると思ったら大間違いで、自宅での作業が不可欠になります。ですから、家族で共有のパソコンを、何時間も独占するのは無茶というものです。

パソコンは安くはありません。しかし、以前にくらべればそれほどお金がかかりません。ただ一つ、条件があるとすれば、タブレットは避けてください。キーボードのついた、ノートパソコンをおすすめします。というのもタブレットは、「受け身・受信」の機器だからです。論文作成は「発信」です。打ってこそ、書いてこそです。もちろん、キーボードつきのタブレット型ノートパソコンは、ＯＫです。

文書作成ソフト、表計算、プレゼンのソフトの使い方は、特に習うまでもありません。基本的な使い方は、使えば身についてしまいます。必要だと思うことを、その場その場で学んでください。インターネットで検索すると、ほとんどの操作のヒントがえられます。

大学入試でも、これからはパソコンで入力させられるようになります。加えて大学に入れば、各種の連絡がウェブを通じておこなわれ、レポートがデジタルのかたちで求められます。パソコン操作は、現代の「読・書・算」ですから、好き・嫌い、得意・不得意の問題ではありません。できるだけ論文作成を通じ、中学・高校の段階で操作に慣れておきましょう。

ここがポイント1　ブラインドタッチを身につけよう

これからの大学入試では、パソコンで文章を書く試験もあります。ブラインドタッチができないと、思考を妨げることになります。スピードも遅くなります。みなさんならすぐに慣れます。今のうちに、必ずブラインドタッチを自分のものにしてください。

1・2・2　ネット環境と周辺機器と文房具

自宅にパソコンがあるなら、ネット接続の環境にもあるでしょう。電子メールや情報検索はもちろん、Office 365やさまざまなクラウドサービスを利用する機会も、これから多くなります。

クラウドサービスが使えない場合は、ＵＳＢメモリのような記憶媒体が必要になるかもしれません。ただし、セキュリティ問題で、学校に持ち込み禁止の場合もあります。

周辺機器としては、なによりもプリンターです。最近は、コンピュータはあってもプリンターがない家庭が増えています。しかし、論文作成にプリンターは不可欠です。論文を何度も印刷して読むからです。スキャナとしても使う場面もあります。コピー用紙も買っておきます。最近はコピー用紙の需要が減ってコンビニによっては置いてない店舗もあります。切らさないように注意してください。ホームセンターで箱買いしてもよいでしょう。かなり安くなります。

スマートフォンもあった方がよいでしょう。学校に持参できない場合もあるかと思いますが、フィールドワークでは通話はもちろん、メール連絡・写真撮影・録音・地図と大活躍します。スマートフォンがあればデジカメを持つ必要はありません。

文房具では、特にふせん紙がはずせません。後で詳しくのべますが、つねに身につけているとよいでしょう。さらに「楽譜クリップ」という商品があります。参考文献から引用をするのに本をひろげたままにできるのでたいへん便利です。厚い本でも使えます。

1・3 論文作成はどんな道のりか――大航海・粘土細工・ジグソーパズル

論文作成（探究学習）の道のり・過程はよく次のように整理されています。

課題の設定⬇情報の収集⬇整理・分析⬇まとめ・表現

クラス全体でおおまかにいえば、また授業の段取りとしては、たしかにこうした順序になります。しかし、論文作成が、だれしもこのように順序よく進むわけではありません。道のりは、一〇〇人いれば一〇〇通りあります。そこで、この論文作成の過程をイメージしてもらうために、三つのたとえ話をします。

□行き先がわからない「大航海」

論文作成は一人ひとりが船長になって、目的地を考えながら旅する「大航海」です。コロンブスは、とにかく西に行こうとしていました。地球が丸いなら、そこにインドやジパングがあると考えたからです。とはいえジパングが、どこのどんな国なのかは、彼にもじつはよくわかっていなかったのです。目的地もわからず船出して西へ西へと旅した結果、到着したのが当時ヨーロッパ人に知られていなかった、アメリカ大陸でした。

コロンブスと同じく、論文作成（大航海）は、考えてもいなかった場所に、自分を導くでしょう。ちなみに乗組員は、船長のあなたのみです。どこをめざすか、どうやって目的地にたどり着くのか、**頼るのは自分だけ**なのです。

□完成形がわからない「粘土細工」

論文作成は、どんな作品になるのかわからないまま始める、粘土細工に似ています。研究がスタートすると、とりあえず作品の一部になるだろう、部分部分を先につくりはじめます（これが後で紹介する「ピース」です）。ちなみに**論文の執筆の原則は「興味があって書けるところから書く」**です。次に、いくつかの部品ができてくると、自分がどんな像をつくりたいのかが、ゆっくり見えてきます。つまり自分の論文の完成した状態が、おぼろげにイメージできるようになるのです。

仮に目標を「人」の形と決めたなら、今度は骨格を針金でつくります。この骨格が「仮の目次」です。「自分はこんな論文をたぶんつくるだろう」、そうした予測のもと、目次を書くのです。「頭があって、腕や胴体や腰や足がこの位置にあって、大きさはこんなものだろう」という感じです。

骨格があるのだから、今度はこれに肉付けをする作業が待っています。つまり、目次にあてはまる文章を書いて割り当ててゆきます。こうして、粘土のかたまり（ピースの集まり）は、ゆっくりと人の形らしくなっていきます。

ところが、このように骨格通りに人形（ひとがた）の像ができるとはかぎらないのが、論文作成のおもしろいところです。つまり、うまく目次に収まらない文章（ピース）が増えてくるのです。どうにもいろいろと変な部品が現れて、設計自体の変更が必要になるのです。

すると今度は「人」ではない、何かを目標にしなければなりません。そして最後に、つくり上がった作品を見ると「タコ」だった、というケースもあるのです。このように**論文の粘土細工は、つくってみないと出来上がりがわからない**ものなのです。

□ピースからつくる「ジグソーパズル」

ジグソーパズルは、絵の描いてあるでっぱりのあるたくさんのピースと、完成図がはじめから用意されています。一方、論文のパズルづくりは違います。まず**自分で白いピースを用意して、そこに絵をひとつずつ描いて、組み合わせていくのです。**

似ているところがあります。ジグソーパズルでは、何かがよくわかるピースから組み立てはじめます。論文も「書けるところから、できるところから」書き進めます。するとどちらも、ピースがかたまりをつくります。これが論文の「節」や「章」の原型です。そのうえで、「このピースのかたまりはこちら、あのかたまりはこちら」と、かたまり同士が組み合わさって、ひとつの全体像が見えてきます。それが仮の目次といえます。

しかし話はそう簡単には進みません。ピースが多数集まると、たいがい「い、く、つ、か、の絵のパズルが交ざり合っている」ことに気づきます。そこで、目次に当てはまらないピースを、ごっそり捨ててしまうような場面も現れます。これはけっこう悲しいですが、仕方ありません。

そうやってピースを増やしては組み合わせる（ときに捨てる）をくりかえして、自分の描いたパズルが完成します。そしてときには、最初考えていた絵柄（テーマ）とは、まったく違った絵柄の論文が仕上がることも多いのです。

□論文作成は人生の予行演習

論文の作成を「大航海」、「粘土細工」、「ジグソーパズル」にたとえました。どれもずいぶん不思議で不安な道のりです。これらのたとえ話から導きだせるのは次の三点です。

▽目標や目的がわからないまま、興味を原動力に書きはじめる。
▽たとえ目標を決めたとしても、しばらくするとその目標が変わる場合が多い。
▽はじめは予想もしなかった論文が、結果として完成している。

「そんな無茶な」と感じますか。それはあなたが、「テーマやゴールを自分で決める学び」をしてこなかったからかもしれません。はじめは戸惑うでしょうが、じきに慣れてきますからだいじょうぶです。

ふりかえって、進学や就職などの目標や計画は、自分で立てるものです。また仕事や学びも、イニシアチブ（主導権）を持ってはじめたほうが断然おもしろいです。いずれもそう予想通りにはいきません。そんな人生の小さな予行演習が、論文作成といえるかもしれません。

□論文は書くから書けるようになる

論文の提出が近づいているのに、「ほとんど進んでない」という生徒がいます。言い訳は、いろいろあるでしょうが、「なにも書けなかった」のは、じつは「なにも書かなかったから、書けなかった」のかもしれません。

論文づくりは、赤ちゃんの「んまんま（あぶぶ、あむあむ）」と同じです。赤ちゃんが話せるようになるためには、わけのわからないことを「んまんま」しゃべらなければなりません。同様に、論文が書けるようになるには、はじめは**わけのわからないことでも書かなければならない**のです。

ふりかえって、「んまんま」やハイハイを節約する赤ちゃんがいたらどうでしょう。その赤ちゃんは、いつまでたっても歩けないし話せないでしょう。「できない」を「できる」にするためには、「できない」ことにくりかえし挑戦しなければなりません。自転車でも、水泳でも、バスケットボールのシュートでもそれは同じです。

それまで何も書かなかった生徒は、「資料が集まって、やる気がでて、書けるようになったら書こう」といいます。しかし、**書かない者はいつまでも書けません**。はじめは、一分でも五分でもいいのです。自分の興味を原動力に「んまんま」しましょう。はじめはメチャメチャ、グダグダです。それでいいのです。というよりは、そこからしかはじまりません。その混沌の中から書く力が生まれ、書くことの喜びや有用性に気づくのです。「そんなことをして、もし興味がなくなって、書いたことが無駄になったらどうするんですか」という声も聞こえてきます。はっきりいってしまえば、論文には無駄が必要です。書いているうちに、「これは違う」と思い至ることも前進の一歩です。

書いたものはしばしば無駄になります。しかし、その無駄をどこかで経由しないと、論文は進みません。節約や損得のマインド（姿勢や態度）のままでは、論文は完成しません。むしろ、そうした遠回り・道草こそが、いずれは山の頂にあなたを連れてゆきます。

1・4 スケジュールを確認しよう

この節では、仮に三学期からはじまって翌年度の秋までの一年弱をかけて論文作成をするとして、おおまかなスケジュールを考えて、その時々の心得を紹介してみます。

論文作成がはじまる前に好奇心を耕す

「論文作成がある。それもけっこうたいへんらしい」、そんな話を先輩から聞いたら、授業前にしておいてほしいことがあります。それは「自分の好奇心や問題意識をストックしておく」という作業です。まずは先輩の論文のタイトル一覧や作品が残っているようなら、ぜひ見せてもらいましょう。「いずれこんな論文をつくるのなら自分は……」とイメージしておくのです。また、学校図書館に行って関心のある本を借りてぱらぱら読んだり、新聞を読んだりするように心がけます。テーマは自分で決めるしかありませんから、頼りになるのは自分の好奇心のアンテナのみです。

二月・三月　ピースの基礎を身につける

論文作成の開始です。とりあえず学ぶ分野を書き出して、読書と並行して、論文作成の基礎となるピースづくりをしてみます（詳しくは第3章）。もちろん取り組む分野が後で変わってもかまいません。はじめは、国語辞典から短い引用をしたり、百科事典から長い引用や要約をしたりする練習をします。ピースづくりは論文作成の基礎ですから、友人と交換して、次のような相互添削をしてみます。

・文章は常体文、「である」の文体で統一されていますか。

・改行したら一字下げ（段落を入れ）ていますか。行末はそろっていますか。
・コメント（自分のコトバ）と引用（他者のコトバ）が区別されていますか。
・ピースの構成要素はそろっていますか（八一ページ参照）。
こうしたトレーニングと並行しながら、とにかく興味のある分野の本をあつめて読みます。学校図書館の活用が大切です。手に入れた本を全部読む必要はありません。大切なのは自分がその世界に興味を持てているかどうかです。

年度末までには研究企画書を書いてみます。とはいえテーマの疑問文や研究の意義を考えるなど難しいですが、とにかく書けるところから書いてみます。

春休み・四月　ピースづくりの本格化

休みのあいだにすこし大きな公共図書館に行きます。学校図書館の何倍・何十倍もの本が待っています。レファレンス・サービス（図書の参考調査業務）も、このあたりで一度は経験しておくべきです。また、テーマに関係する博物館などの見学もおすすめです。

新学期に入って論文作成は本格化します。提出までは八ヵ月です。ここらで再度研究企画書を書いて、自分の学ぶべき分野を見定めましょう。このころに新しいテーマを思いつくかもしれません。テーマを変えたくなるのはよい兆しです。思いきって変えましょう。方針が決まれば、基本的な本の読み込みとピース作成を進めます。百科事典を引いて定義や起源や歴史などを調べるのが基本です。

はじめは無理にコメントを書かなくても、引用と出典・タイトルだけを書いて「ピースの素」を蓄えます。とにかく読んでは書いて、ふせん紙を貼った本が増える、地味な作業がつづきます。

五月

インターネットを味方に資料を増やす

さまざまな情報収集を試してみましょう。新聞記事のデータベース検索・レファレンス協同データベースを使う、ドメイン検索・PDFファイル検索などを試して論文を手に入れる、などです。基礎知識を身につけているので、信用できるサイトもわかるようになっているかもしれません。また、ひとつ文献を読むと、そこにさまざまな文献が紹介されていて、読むべき資料がイモヅル式に増えるのもこの時期です。

六月・七月　取材依頼の手紙を出す・小論文をまとめる

フィールドワークのための手紙を書きます。夏休みにでかけるなら余裕をもってお便りを差し上げるべきです。大学の先生は、夏にまとまって大学を空けてしまう場合もありますから、六月中には手紙を出し、メールのやりとりを通じて七月中には日程を決めたいです。

ちなみに、取材依頼の手紙の執筆が、研究の動機や意義を考え直す契機になります。また、質問のために先方の書いた資料を読みこむ必要が当然出てきます。こうして手紙づくりが自分の研究テーマを深めていきます。

この時期に論文の第一章「○○とはなにか」も書いてしまいましょう。内容は研究対象の定義や起源・歴史・現状などです。数千字になると思います。これが論文の「基礎工事」です。そのうえで、論文の仮の目次までできればいうことなしです。

七月・八月・夏休み　フィールドワーク本番

フィールドワークと論文執筆のチャンスです。論文の規定文字数が多いようなら、休み中に本に貼ったふせん紙の部分を入力し、ピース化しておくのもよい過ごし方です。またフィールドワークで録音したインタビューを、全部打ち出して編集するといった作業もしておきます。思わぬほど字数が稼げます。夏休み明けにフィールドワークの報告や、草稿提出など課題があるかもしれません。自由な時間を「なるやろ菌」（「ここがポイント2」）に感染しないよう注意して過ごしましょう。

九月・一〇月　論文のデザイン

これまで書きためたピースや取材や実験結果などを、いよいよ論文としてデザインする局面が訪れました。目次をつくり、テーマに答えるためのストーリーを描きます。その筋書きのもと、これまで書いたピースを振り分けます。そうすると、目次にあってもピースが少ない章があったり、前後のつながりが不自然な部分がでてきたりしますから、さらにピースを増やし、目次をつくり直す作業がつづきます。

こうして論文は問いと答えが対応する（着地する・整合する）ようになります。

最後の二週間　ラストスパート

いよいよラストスパートです。論文は、「小さな謎解きが大きな謎を解く」ものですから、目次がストーリーになっていて、（この本もそうですが）章の前後にガイドがあって、読者を迷わせないような工夫も必要になります。

最後の「引用・参考文献一覧」もそろそろ整理しましょう。ピースごとの出典がしっかりしていれば、あまり慌てることはありませんね。

仕上げはまず、タイトル・サブタイトルの決定です。論文の看板ですから慎重に言葉を選び、具体的にどんな範囲の問題（テーマ）を扱っているのかを明示しましょう。またサブタイトルに、主要な結論部分が要約されているのが望ましいです。

次に、細かな語句の確認です。特に目次と本文の番号のずれや、「探究」と「探求」、「、」と「，」などの語句や記号の不統一には注意してください。この場合Wordの「検索と置換」の機能が便利です。ただし、「すべて置換」を安易に使うと、原典に正確であるべき引用部分まで置換するので、じゅうぶん注意してください。

書いたら節ごとにプリントアウトして読み直します。画面ではわからなかった誤字や、不自然な文章のリズムが見つかるはずです。本書の最後のあたりの「論文チェックシート」も参考にしてください。**提出ギリギリの印刷は、絶対アウト**です。「インクがない」「用紙がない」「プリンターが壊れた」「コンピュータが固まった」

「コーヒーをこぼした」「上書き保存をしそびれた」「電車が遅れた」「犬がくわえて逃げた」……。最悪なケースでは「データが飛んだ」など、さまざまな事態が起こります。まるでコントです。この文章を今笑って読んだ人も、締め切りの当日になればわかります。「犬がくわえて逃げた」以外はすべて実例です。

お疲れ様でした！

第1章　おわりに

これで、ガイダンスは終わりです。それでは早速、次章のテーマの設定に進みましょう。もし、自分の学びたい分野や取り組んでみたいテーマがすぐにでも思い浮かんで、資料だってあるから、論文作成をはじめたい、そんな場合は第3章に進みましょう。あるいは、もっと資料をさがして知識をつけたいなら第4章に進みましょう。

ここがポイント２　夏休みの使い方　病原体「なるやろ菌」に注意

夏休み、高校生に「なんとかなるやろ菌」（略して「なるやろ菌」）が蔓延（まんえん）しました。このコラムはその病原体に感染した生徒の記録です（創作ですが大部分ノンフィクションです）。

部活に現れた先輩はオレの耳元でささやきました。「論文？　なんとかなるって」「楽勝や」。そう聞いたオレは「そうか、そんなら夏休みにあわてて苦労することはないな」と思いました。それが「なるやろ菌」の感染でした。

夏休み中盤、突然、「論文やってる？」と仲間から着信が。「みんなやってへんで、なんとかなるやろ」と、なるやろ菌に感染したオレは明るく返事をしました。こうして、なるやろ菌は友人へと感染してゆきました。

この菌に感染すると、さまざまな症状が現れます。ゲームに浸る、ネットを漂う、高校野球を見る等。しかし、ときには、級友がフィールドワークに出かけたことも話題になります。「ヤバイ」と思うものの、それを認めると苦しくなるので、そうした話題を避け、感染した仲間だけと過ごすようになりました。

夏休みが明けました。「論文？　やってへんで」と笑ってみせますが、事態は悪化の一途です。先生から呼び出されました。親も知るところとなりました。それまで「やってるやろな」と問われ、「やってる、やってる」とごまかしてきた手前、雷が落ちました。頭や胃も痛くなりました。ついに、菌が体にも症状を現すようになったのです。

あと提出までわずか。やっと目を覚ましてオレは、論文に取りかかったのですが、追い詰められ眠れなくなり、そのあたりからよく記憶がありません……。

この冗談めかしたコラムは、「なるやろ菌感染予防薬」です。しっかり服用してください。

2　テーマの設定――自分の課題の絞り方

この章では論文作成の「テーマの設定」についてのべます。「どうしたら自分の学ぶ対象や分野を絞り込んで、それをテーマ（問い）のかたちにできるのか？」という疑問に答える章です。

まず、テーマ設定の条件について。

ついで、テーマ設定のための三つの演習を紹介します。

そして最後に、実際に中高生が陥りがちな方針や分野について紹介しています。

学びたい分野や取り組みたい問題がまだ決まっていないなら、この章の演習をまずは試してください。自分の興味を書きだして、図書館で本を探して、友だちと語る中で、学ぶべき分野やテーマが姿を見せてきます。

この章で注意したいのは「学ぶ分野やテーマはだれも教えてくれない」というところです。というのも、テーマ設定を含む「研究の道のり」の経験そのものが、論文作成や探究学習の目的だからです。テーマ設定をだれかにまかせてしまえば、それはもう自分の探究でも研究でも論文でもありません。

2・1 テーマ設定の三ヵ条

論文作成の授業や場面では、いろいろな条件が求められるでしょう。ここでは、どんなケースでも心に留めておきたい、テーマ設定のための三ヵ条を紹介します。

①興味を持ち、人に伝える価値のあるテーマを探します。
②資料があり、自分の力で扱えるテーマを探します。
③人とは異なるテーマを探します。

これらを念頭に置きながら、テーマ探しをしてください。詳しく見ていきましょう。

条件① 興味を持ち、人に伝える価値のあるテーマ

「興味を持ったテーマなんて当然」、そう思えます。しかし、これがうまくゆかないのです。**興味より「楽な」「書きやすい」テーマを求めてしまう落とし穴に注意**してください。

また「興味がある＝好き」でないことにも注意します。たとえば「問題だ」「許せない」「なんか変だ」という感覚、つまり問題意識や憤りや違和感からも、よいテーマが生まれます。それに「好き」だからといって、すぐにテーマが設定できるわけではありません。「好き」は、テーマを考える大切なきっかけのひとつです。とはいえ、社会にとって論文がどのような意味を持つのかも同時に考えなければなりません。「**好きなのはいいけど、その研究、一体どんな価値があるの？**」、そんな問いに説得力をもって答えましょう。

条件②　資料があり、自分の力で扱えるテーマ

自分の研究したい分野の資料を、見つけられるでしょうか。たいていの問題は、図書館の司書の方の協力を得られれば、資料を手にすることができます。また、インターネットからも、たくさんの資料が探せるはずです。

とはいえ、図書館でもインターネットでも、信頼のおける資料を手に入れるには、それなりの知識や工夫・時間が必要です。これら**資料探しの手間をかける元気が出せないようなら、資料は見つかりません**。

さらに、資料を手に入れたものの難しくて読めない、という場合もあります。分野によっては、難しい資料しかない場合も考えられます。資料を読む力がまだないようなら、やはりそのテーマでの論文作成は難しいでしょう。

条件③ 人とは異なるテーマ

論文作成は個人で問うものです。不安でしょうが、論文作成は一人ひとり別々のテーマに取り組まなければなりません。

では、「犬」という同じ分野を、複数の人がテーマにできるでしょうか。これはできます。「イヌの起源と品種改良」と「犬の飼育環境と殺処分」、「犬の成長としつけ」ならテーマが別です。つまり、広がりのある分野では、異なる題材・切り口で、何人かが同時に異なるテーマを考えられます。もちろん資料は題材ごとに調達できます。

2・2 テーマ設定のための演習

【演習①】「一時間語れること」を中心にして言葉を探す

「一時間語れるほど興味を持っていること」はあるでしょうか。その言葉と、それに関係する言葉を、コンピュータを立ち上げて手始めに二〇個書き出してみます。

そうした言葉をすぐに思いつかない場合は、なにかしら心にひっかかる言葉を書けるだけ書いてみます。それぞれに関係がなくてもかまいません。楽しさ、喜び、驚き、好奇心、疑問、感動、悲しみ、不安、心の動きを引き起こすなにかが、テーマを導くヒントです。

普段なんとなく感じていることも、意識的に言葉として取り出して、書き散らかすのが秘訣（ひけつ）です。書き出した言葉から連想したり展開・枝分かれしたりしながら、さらに言葉を増やします。これらの言葉に良い悪いはありません。自分の頭の中から出てきた言葉は、すべて「正解」です。

人格が違うのですから、興味は千差万別です。他人がなんといおうと、関心を持ったことがらを正直に書いてください。自分がこだわる中にこそ、優れた題材やテーマとの出合いが潜んでいるからです。反対に、「楽そうだ」「資料がありそうだ」「友だちの視線が気になる」など、目先の利害や効用でテーマ設定をしてはいけません。そのような発想から思いついた論文作成は長続きしないからです。

言葉を思いつかない場合には、次の問いを考えてみてください。

①「腹が立った、許せない、かわいそうだ」と感じたことはありますか。
②育った環境（地域の歴史・産業・自然・伝統行事など）の特徴はなんですか。
③授業やテレビ番組で興味を持った内容はなんですか。
④休日は何をしていますか。

「発想法」といった思いつきのためのテクニックもいろいろあります。そうした方法を試してみるのもおすすめです。とはいえ、書き出した言葉が、後々研究分野やテーマ設定に、直接結びつくかどうかはわかりません。ここで紹介する演習は、テーマ探しの「出発の合図」くらいに考えておいた方がいいでしょう。問いつづけて粘り強く考えるからこそ、テーマにつながるひらめきがやってくるのです。

【演習②】「ウィキサーフィン」で言葉の広がりを探る

ネットを検索すると、ウィキペディア（Wikipedia）に行きあたることが多いです。ウィキペディアは、アメリカのウィキメディア財団が運営するオンライン百科事典です。だれもが自由に編集することができ、無料で利用できるため、急速に情報量も増え正確になってきています。
　次ページのコラムにのべるように、扱いには慎重さが必要ですが、自分のテーマに思いを巡らすにはたいへん便利です。次のような順序で、ネットサーフィンならぬ「ウィキサーフィン」をおこない、自分の興味を探ってください。

①検索エンジンの検索窓に「気になる単語」＋ウィキ（Wiki）と入れて、ウィキペディアに入ります。
②関心のある単語のリンクを渡り歩いて読んでいきます（ネ

ウィキサーフィンの記録

○○年○月○日
○年○組○番　氏　名

ネコ　爪とぎ　転位行動　地域猫　罠　どんぐりと山猫　雪渡り　宮澤賢治　時計　時間　ループもの　魔女　童話　チーズはどこへ消えた？　死神の名付け親　ろうそく　ガラス　鏡　水面　流れ藻　アイスランド　観心寺　阿闍梨　……

ウィキサーフィンを経験して（コメント）
　サーフィンの記録から、自分の興味のあるものが少しでも知れてよかった。特に「時間」や「鏡」などは、物語に多く出現するキーワードなので、それらが童話に関連していたことに納得した。一口に「童話」と言っても、知らない物語が本当にたくさんあって驚いた。あらすじだけしか見ていないけど、主人公が理不尽な最後を迎えていて可哀相だった。改変していない童話は、ほとんどが残酷な話だった。
　知っている言葉や普段使っている言葉を調べた方が、知らないことを知れるのかもしれないと思った。

コ→爪とぎ→転位行動……)。Wikipediaの外には出ないのがルールです。

③最後にインターネットの「履歴」を見て、渡り歩いた項目をWordに記録します。

④「ウィキサーフィン」についてのコメントを書きます。

サンプルを前ページにあげました。このように、検索した文字を羅列するだけでかまいません。また、すべての言葉がリンクを渡り歩いていく必要はなく、途中で別の言葉に飛んでもかまいません。

ここがポイント3　ウィキペディアからのコピペの誘惑

ウィキペディアの「Wikipedia：**免責事項**」の項目には次のように書かれています。

本サイトが提供している情報に関しては、合法性、正確性、安全性等、いかなる保証もされません。本サイトの参加者、管理者、システム管理者、そしてウィキメディア財団は、これらの情報をあなたが利用することによって生ずるいかなる損害に対しても一切責任を負いません。

「Wikipedia：免責事項」『フリー百科事典 ウィキペディア日本語版』(https://ja.wikipedia.org/) 2018年12月8日16時取得

このように匿名で書かれたウィキペディアからの引用はさけましょう。とはいえ、論文作成の強力なヒントにはなります。演習のように関連するキーワードを得るのにも役立ちますし、「脚注」や「関連書籍」「外部リンク」から有用な情報源にたどりつくことも**可能**です。もし「ウィキペディアの内容を引用したいな」と思ったら、これら元の情報源までさかのぼって**信頼性を確認して**引用をしてください。

ウィキペディアにかぎらず、インターネットを検索すると、コピペの強い誘惑にかられます。信用のおけるサイトから、出典を示して使用すれば「引用」です。しかし、黙ってコピペすれば、「盗用・ひょう窃（他人の論文などを自分のものとして発表すること）」です。コピペは簡単です。しかし、コピペが簡単なように摘発もまた簡単です。最近ではひょう窃をチェックするソフトも出回るようになりました。みなさんが大学生になると、そこではもうコピペがまったく通用しなくなっているはずです。

【演習③】研究企画書を作成する

学びたい分野のキーワードを考えたら、今度は企画書を書いてみます。

①テーマ（なにを問題にしたいのか）

テーマは、未解決の問題を「問い」のかたちとして書くのが一般的です。たとえば「○○市の○○祭は、なぜ存続の危機にあるのか」などです。サブタイトルをつけて、研究手法などを具体的に書けるともっとよいです。たとえば「犬は健康に暮らしているか‥飼育環境のアンケートを通じて」などです。とはいえ、はじめから問いのかたちにするのは難しいかもしれません。その場合は、自分の関心のある分野を、単語で書いてかまいません。そのときはできるかぎり範囲を狭めて具体的に書きます。

②研究動機（なぜその問題を取り上げるのか）

このテーマを思いついた動機、自分自身のきっかけや体験を文章にしてみます。ただし「好きだから」「興味を持ったから」「調べたいから」といったぼんやりした動機ではなく、「なぜ、どこが好きなのか」「どこに、なぜ興味を持ったのか」「なぜ調べたくなったのか」をていねいに書きます。この部分がのちに論文の「あとがき」になります。また、研究を見守ってくれる先生や司書の方は、こうした動機を知ることで適切な資料提供やアドバイスができるようになります。

③基礎資料（はじめになにを学ぶのか）

研究企画書を書くためには、資料をあつめて読まなければなりません。基礎的な知識がまずは必要だからです。領域や分野を見渡せる資料をここに書いてください。最低三冊を選んで書誌情報を書きます。記録する書誌情報は、著者名（出版年）『書名』・出版社名・請求記号（図書館の本の場合）です（引用・参考文献の書き方は第5章を参照してください）。

④研究内容（どんなことを学ぶのか）

研究テーマに応えるために、必要な具体的な内容を箇条書きにします。基礎知識としては三三ページで見たように定義や起源・歴史、さらには分類や種類・現状などをおさえておくといいでしょう。それ以外にも大切だと思うことは、なんでも書いてみてください。

⑤フィールドワーク・実験・観察等のアイディア（どうやって現場から学ぶのか）

「こんな人に会えたらいいな」「こんな会社に取材したい」「こんな実験ができるだろうか」とアイディアを出します。このとき実現の可能性はあまり考えなくてよいです。ただし、公共図書館での調査やインターネット検索はフィールドワークではありません。

⑥研究の意義・価値（なぜ学ぶのか）

人びと（社会）や地域にとって、「この研究はどんな価値があるのか」を考えます。「自分が知りたい・研究したい」は動機です。それはそれで大切ですが、ここでは自分の研究にどんな意義・よさがあるのかを言葉にしてください。

参考になるのは、資料としている本や論文の前書き・序論の部分です。そうしたところには「この本・論文をなぜ書いたのか」、その意義がのべられているものだからです。

この項目が論文の「はじめに（序論）」に、将来書かれることになります。研究企画書のなかで一番難しい部分です。

研究企画書は、一度書けば終わりというわけではありません。アドバイスをもらったり、研究の方針が変わったりしたらそのたびに書き換えていきます。

2・3　どうしたらテーマを設定できるか

さて、ここまで演習をしてきてどうでしょうか。じつは演習をしてもテーマが見つからない、何にしてよいかわからない、という場合も多いのです。「テーマが決まれば研究は半分終わり」といいます。それくらい自分の研究対象を絞って、問いのかたちに落とし込むには時間がかかるのです。

ここでは少し視点を変えて、先輩の中高生がテーマ設定のなかで、どんなふうに苦労したのかを紹介します。先輩と同じ失敗をしないように、いくつかのアドバイスをします。

2・3・1　テーマにならない方針・分野

研究企画書を書いて、自分も先生も納得できるテーマを設定するのは、簡単ではありません。どんな方針をとると危ないのか、参考にしてください。

☐領域が大きすぎる：手におえない

「農業」「経済」「宇宙」「インターネット」「資本主義と社会主義」といった大きな分野に、正面から取り組むと消化不良になります。扱う領域が大きすぎるからです。また同じく「心とはなにか」「正義とはなにか」も、手におえそうにありません。

「経済」に関心があるのは自然ですし、「正義とはなにか」という深い問いは重要です。とはいえ、そのままでは研究が前進しないので、対象を絞る必要があります。扱う範囲が具体的になればなるほど、資料もテーマも見つけやすくなります。

□HOW TO（ハウツー）モノのテーマ：結局は本人の努力次第

中高生が陥りやすい方針です。「どうすればダイエットに成功するか」「どうすれば英語が得意になるか」「どうすれば記憶力（集中力）をアップできるか」「身長を伸ばすには」といったテーマは避けましょう。なぜなら、その目標が実現できるかどうかは、個人の努力や素質・運にまかされている場合が多いからです。ダイエットのコマーシャルは、成功例をたくさん紹介します。しかし、それでそのダイエット法の有効性が実証できたわけではありません。

□現在進行形のテーマ：プロの研究者も避ける

現在人気のあるアイドルや、SNS（ソーシャル・ネットワーキング・サービス）などのネット上で進行していることがらは、資料的に追いきれません。新聞・雑誌・ウェブなど、日々入ってくる情報を追いかけるのは無理というものです。こうした分野に関心があるのなら、まともな単行本が出版されている範囲の問題を扱います。

□すでに解明されているテーマ：そんなのわかってる

「飛行機はなぜ飛ぶのか」など、すでに解明されている問題はテーマになりません。「自分が知らないから調べる」のは、テーマ設定の前段階だからです。むしろ原理を学んだうえで、模型飛行機を設計・製作するというプロジェクト型の研究ならあっていいと思います。

□未来を予測・予想するテーマ：なんとでもいえる

「これからの日本経済はどうなるか」「日本の農業の未来」などもテーマになりません。未来予測は、論者によってなんとでもいえてしまうからです。未来予測型のテーマ案にコメントしてみるとこうなります。

「薬物が広がる日本はどうなるのか」

わかりません。なぜ薬物汚染が広がったのかについての分析と対策の提示なら可能です。

「世界の民族問題に終わりはあるのか」

残念ですがおそらく終わりません。しかし、具体的な民族問題を取り上げ分析し、解決策を示唆するような方針ならありうるでしょう。

「阪神は優勝するか」というテーマを考えてみるといいです。予測だけならなんとでもいえます。反対に、「阪神は二〇〇五年になぜリーグ優勝できたのか」という過去の事実についてなら論証ができます。将来どうなるかという予測や提言は、論証可能な問題に答えたうえで、控えめにのべる程度でよいのです。

高度に専門的なテーマ：無茶しない

最先端の技術や高度な問題を扱うのも、専門的な知識が必要となります。たとえば、中学男子がよく興味を持つ「相対性理論」なども、正確な理解が難しいので、その分野の概略を撫（な）ぜ回して終わってしまいます。ですからテーマ設定には、相当の勉強と工夫が必要になります。

「大きすぎ、テーマを絞る」「言葉の定義があいまい」「ハウツー、努力次第」「日本語としてヘン」「どんな意義がある?」などなどと、はじめの研究企画書の提出時には、いろんなツッコミを先生から受けるでしょう。しかしそれは、あなたの「興味がまちがっている」ということを意味してはいません。テーマを絞ったり、視点を変えたり、使う言葉(用語)を改めれば、今の関心がテーマとして生きてくる可能性はあるのです。気落ちせずに考えてください。論文作成はそこからはじまるのですから。

だれだってはじめは、写すだけの「調べました学習」に決まっているのです。興味さえあるなら、読書しながらその分野の知識を深めましょう。やがてあなたの「問い=テーマ」が見つかります。最終的なテーマが決まるのは、かなり時間が経過してからです。提出直前に決定することも珍しくありません。

※「テーマにならない方針・分野」の項は宅間紘一『三訂版　はじめての論文作成術――問うことは生きること』(日中出版、二〇〇八年)を参考にさせていただきました。

2・3・2 先輩が選んでしまった難しい言葉

高校生のテーマ一覧を眺めていると、うまくいかなかった論文もじつはあるのです。つまり、資料を扱いきれなかったり、結論に上手に着地できなかったりして、「不発」に終わってしまった論文です。また、一覧には現れないものの、手におえなくなって振り出しに戻ったケースは、もっとたくさんあります。まずは具体例から見てみます。

・人はなぜ**デザイン**に惹かれるのか：これからのデザイン
・バラエティ番組が生み出す「**笑い**」の暴力：「笑い」の傾向と放送倫理
・「**美人**」はいつどのように変わってきたのか：女性の顔と美意識の変遷
・**オタク**文化の消失：オタクは今後どう変化し、生きていくのか

こうして並べると、共通点が見えます。太字にした、デザイン、笑い、美人、オタクに共通している性質はなんでしょうか。人それぞれ思い浮かべられる言葉ではあります。し

かし、その実体がほんとうはなんなのか、と問われるとどれもわかりにくい言葉です。

これらの言葉に「〜とはなにか」を、つけてみます。「デザインとはなにか」「笑いとはなにか」「美人とはなにか」「オタクとはなにか」。どれもが人によって解釈や好みに違いがある言葉です。つまり、これらは「ここからここまでがデザイン（笑い・美人・オタク）ですよ」という線引きがしにくい、定義が難しい言葉なのです。

定義がしにくいなら、議論する共通の土台づくりも難しいです。だからこうした言葉を取り扱ったとたん「雲をつかむような話」になってしまうのです。**定義のしにくい言葉からのテーマ設定は、鬼門**（よくない方角・よくない結果が起こりやすいことがら）です。

では、デザイン・笑い・美人・オタクに興味を持ってはいけないのでしょうか。そんなことはありません。それらの言葉の領域にある、具体的で定義がしやすいモノ（実物）やコト（現象）に、テーマを絞ればいいのです。もっと「手触り」のあるものにテーマを限定するわけです。たとえば、「美人」「オタク」ならばこんなテーマになります。


「なぜ女子高生は『化粧』をしなければならないのか」

「なぜコミックマーケットに人があつまるのか」

それではコミックマーケットを題材にするなら、「オタク」という言葉をどう扱えばいいのでしょう。その場合は、これはという定義を流用してしまうのです。たとえば「こだわりがある対象を持ち」「その対象に対して時間やお金を極端なほど集中的に消費しつつ」「深い造詣と創造力を持ち、かつ情報発信活動や創作活動なども行っている人々」です（野村総合研究所オタク市場予測チーム『オタク市場の研究』東洋経済新報社、二〇〇五年による）。

2・3・3　先輩が撤退していった分野

つぎに高校生の授業記録の中から、一度は取り組んだものの撤退せざるをえなかった例をグループにしてみました。

□心理学分野

心理学：「性格」や「夢」などに関する心理学的な疑問が毎年出ます。しかし、資料の複雑さに、やる気が出ずあきらめる例が多いです。

錯覚・トリックアート：心理学や脳科学の知識が必要で興味を失いました。

無気力の深層心理：資料が難しく「無気力」を扱えずに撤退しました。

□資料不足の分野

歯列矯正：歯列の問題から始めて、整形（人体改造）の問題に踏み込もうとしましたが実現しませんでした。資料と興味がつきて、あきらめてしまいました。

習い事：ピアノやバレエなど、子どもの習い事に興味を持ちました。アンケート調査などはあったものの、うまく資料をあつめられず、あきらめました。

『寄生獣』：マンガが好きで、テーマとしてこの作品に絞ったものの、資料不足で撤退しました。マンガの作品論は難物です。マンガの研究はマンガを読むだけではなくマンガについて書かれた資料を探して読まなければなりません。

□広く「日本」を扱うテーマ

日本人は世界からどうみられているのか：資料を絞り込めませんでした。日本人の「国民性」などは比較や解釈が難しいです。「日本人の健康寿命」のように、数値になるなら扱えます。

戦後日本を占領した国がアメリカ以外だったら今日本はどうなっていたか：資料が多く
て手におえませんでした。歴史に「もし」を導入するとなんでもいえます。

2・3・4　「おちゃらけ分野」を真面目な論文に

世の中には「おちゃらけて、不真面目だな」「なんか軽いね」「それって趣味・娯楽じゃないの」「嗜好品だね」「時間つぶしでしょ」と見られるものごとがあります。たとえば「マンガ」「ボーカロイド」「声優」「ライトノベル」「清涼飲料水」「ゲーム」「インスタントラーメン」「ライブ」などです。たしかにこの一覧を見て「これで研究？　真面目なの？」と思う人がいても不思議ではありません。反対に研究論文なのだから、「ターミナルケア」「国語教科書」「無人駅問題」とくればいかにも真面目で重いテーマのように感じる人も多いです。しかし、それはほんとうなのでしょうか。

マンガやゲームを研究対象にすると、その研究がなぜ「おちゃらけて」見られるのでしょう。それは、扱っているこれらのものごとが人の「楽しさ・心地好さ（快楽）」に直結しているからなのです。もし仮に、ライブとボーカロイドが大好きで、マンガとライトノベルを山ほど読んで、徹夜でゲームをして、インスタントラーメンを食べ清涼飲料水を飲みつづける、そんな人がいたら「おちゃらけた（不真面目な）生活だ」と思われる可能性はありますね。

「誤解しないでください。ゲーム（ボーカロイド、マンガ、インスタントラーメン……）の研究は、不真面目なんかじゃありません！」といいたいところです。たとえ、「研究対象」が娯楽や嗜好品であったとしても、研究テーマや態度がおちゃらけているとは限らないのですから。

とはいえ、「娯楽や嗜好品の研究はよくない」と考える人がやはりけっこういます。つまり、それらを研究対象にすると、「おちゃらけだ」「不真面目だ」「興味本位だ」「好きなことを並べるだけだ」といった誤解が生まれやすい、ということは承知しておいたほうがいいのです。

だからそうした分野に取り組もうとする人は、「インスタントラーメン（マンガ・ライトノベル……）なんて研究していったいどうすんだ?」という理不尽なレッテル貼りに耐えて、それを跳ね返す説得力を持った説明が求められるのです。そもそもそうした商品やサービスを企画・生産している方々は真面目ですから、同様に論文作成が真面目であって当然です。

以上のように考えてくると、「研究対象」の真面目・不真面目と、「研究テーマや姿勢」の真面目・不真面目とを区別しておかなければならないことがわかります。それらを整理すると図のようになります。

A　真面目な研究対象を真面目に研究する
B　不真面目な研究対象を真面目に研究する
C　真面目な研究対象を不真面目に研究する
D　不真面目な研究対象を不真面目に研究する

結論からいえば、AとBの研究は「あり」、Cは「なし」です。Dにいたっては「ありえへん」ですね。以下にこれまでの高校生の優秀論文から具体的に見てみます。

Aは特別いうことはありません。たとえばこんなテーマがあります。

研究を対象と姿勢で分けるとどうなるか

「在宅緩和ケアが導く〈理想の死〉とは」

「貧困におかれる子どもたちはどのように支えられているのか」

「動物実験はなぜ目に見えないのか」


いかにも真面目ですね。読むほうもたいへんそうです。

次にBの場合です。資料を踏まえて説得力があるなら、たとえどんな娯楽的なモノやコトでも立派な研究になります。


「高校生はカラオケボックスになぜ行くのか」

「女子高校生はなぜファッションとして制服を着たがるのか」

「なぜ『オネエことば』は誕生したのか」


「あり」ですね。ただしBの場合は資料探しに苦労する場合があるので注意が必要です。

Cはちょっと複雑です。真面目なことがらを扱うと、不真面目な姿勢がすぐにはわからないからです。ある生徒は資料をたくさん用意し、もっともらしい（とはいえはじめから結論の見えているような）テーマを立てました。しかし、肝心の興味がその生徒にはなかったのです。当然元気が出ず無駄な時間を過ごし、ネット検索の切り貼りで結局しのごうとしてしまいました。どうやら「なんとかなるだろう」と思いこんで、「サボってないので単位をください」という証拠・アリバイづくりをしていたようです。

最後のDは論外ですね。

研究対象によい悪いはありません。おちゃらけていようといまいと関係ありません。研究のテーマ（方法や観点）や姿勢さえ真面目であれば、テーマはなんでもありなのです。

2・3・5 「テーマを変えたい」はよい知らせ

ある年、高校生三九人が論文を書き上げたあとに、「これまで何度テーマを変えたのか」について調査をしました（次ページの円グラフ）。小さな変更ではなく、「まったく別の分野やジャンルに方針転換した回数」についてです。初めからブレずに論文を書き上げたのは、全体の約三分の一、残りの三分の二は方針転換をし、四回以上が二人いました。

テーマを四回変えた生徒は「なぜ、女性警察官は必要なのか」というテーマで論文を完成させました。彼女はここにいたるまでに**【エジプト→スパイ→ディズニーアニメーション→東京と大阪の違い→女性警察官】**と方針を変えました。「女性警察官」にいたる道のりは、このように長かったのです。

一方、もっとも多くテーマを変えたのは「ホテル」を題材に、「お客様が再び訪れたいと感じるホスピタリティとは」をテーマに仕上げた生徒です。彼女のテーマ変更の道のりは**【韓国→音楽→歯→建築→カメラ→Twitter→食文化→ホテル】**でした。文字通り「七転び八起き」です。方針が決まるまでそれは苦しかったことでしょう。しかし、彼女は後に「論文作成の授業を後輩に勧める」「フィールドワークに行ったことが一番よい経験だと思う」とも書いています。彼女はホテルの方にインタビューし、その仕事と人柄に触れられました。

それまでの方針を捨て、新しい方向に踏み出すのは不安で苦しいです。しかし、論文作成を手助けする先生にとっては、「テーマを変えたい」と生徒がいったら、それはほぼまち

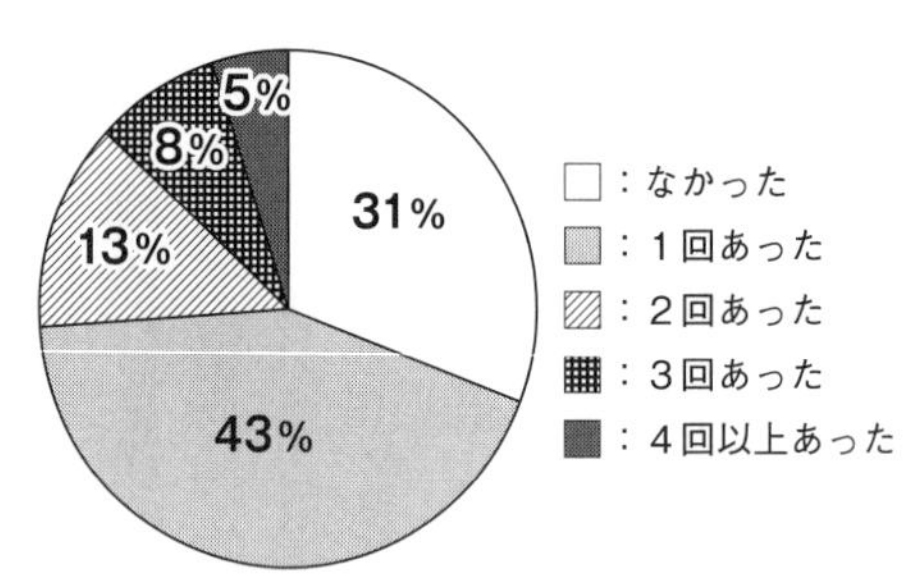

方針転換の回数（高校生39人のアンケートから）

がいなく「吉兆」（めでたいことの起こる前ぶれ）です。もちろん怒ったりはしません。だから、方針やテーマの変更を恐れてはなりません。

2・3・6 「好き」からはじまる論文の育ち方

論文ではだれしも、テーマ（問い）を設定して結論（答え）に最後は結びつけるものですが、論文が育つそれまでの道のりはさまざまです。

はじめから「外来魚問題をなんとかしたい」といった問題意識があって、それを解決するために論文を育てる人がいます。一方で、いいたいこと・メッセージがはじめからあって、それに応じた問いや理屈を考える人もいます。

とはいえ、たくさんの生徒のテーマ設定を見ていると、自分が「好きだ」という分野を学んでテーマを探っていく場合が多いのです。「『好き』は最強の武器」ともいいます。しかし、「好き」からはじまる論文作成は、資料あつめこそ比較的楽に進むものの、テーマ設定には時間がかかる場合があります。また思わぬ落とし穴もあるのです。具体例を通じて解説します。

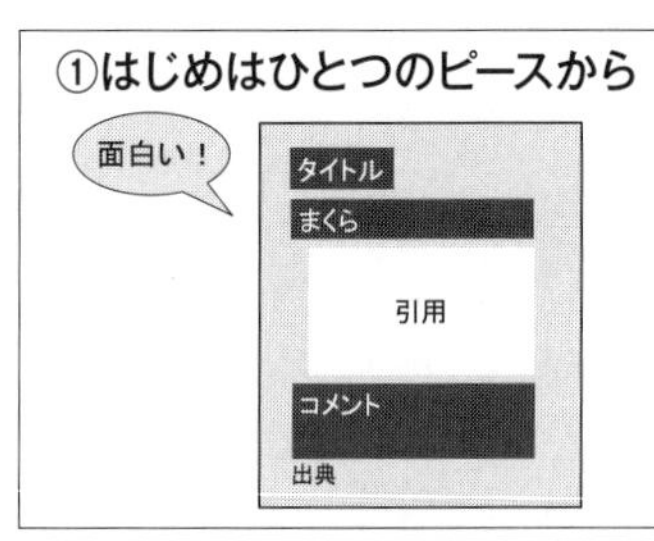

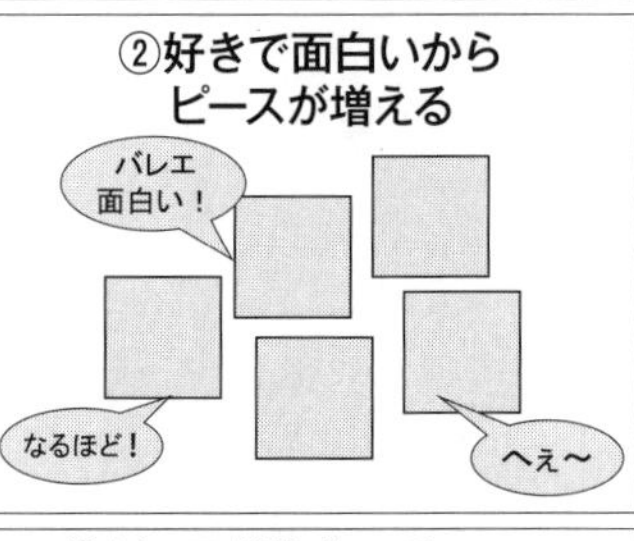

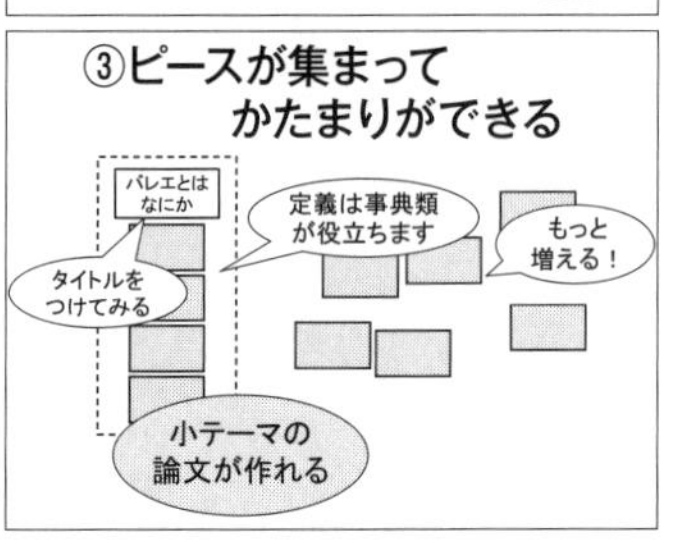

①ある高校生（女子）はバレエが好きでした。基礎的な資料を読んで、論文のカケラ「ピース」をひとつつくりました。

②資料を読むと知らないことも多いですが、とにかく興味があるのですから、楽しく順調にピースが増えます。

③ピースがあつまると、似たピースをまとめてタイトルをつけることができるようになります。はじめは、バレエの定義や起源や歴史をまとめた「バレエとはなにか」というかたま

りができました。この小さなテーマ（問い）でとりあえず小論文ができました。

④順調に見えた論文作成ですが、悩みも深まってきました。それはバレエを「どんな切り口で取り上げるのか」という悩みです。「好きだからいったい何なのだろう？」というわけです。

⑤いろいろと考えるうちに、技術的には優れているのに、日本ではバレエに対する需要が少なく、バレエ団の経営も厳しいことに気づきました。どうやら海外と比較して、教育の仕組みもかなり異なるようです。おまけに「男性がタイツをはいて踊るのはどうも……」と、バレエを見たことのない人からいわれる始末です。「どうしてこんなに素敵なのに、なぜみんな知らないの？　嫌うの？」という思いが強くなってきました。

⑥そこで「バレエはなぜ日本に受け入れられないのか」というテーマを考えました。同時に、実際にプロのダンサーや衣装のお店の方にフィールドワーク

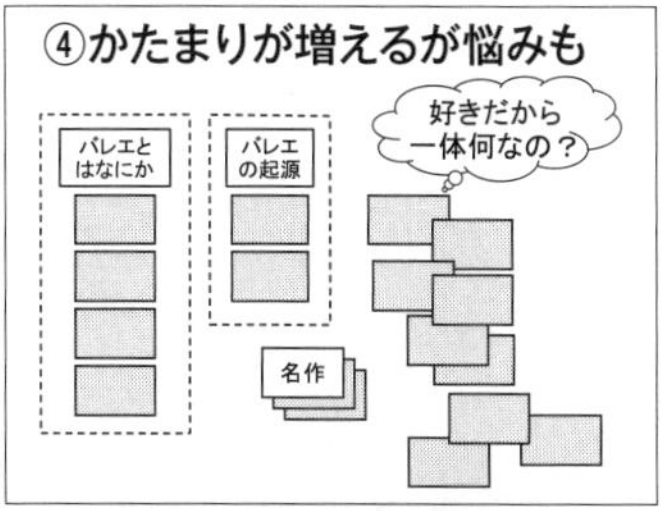

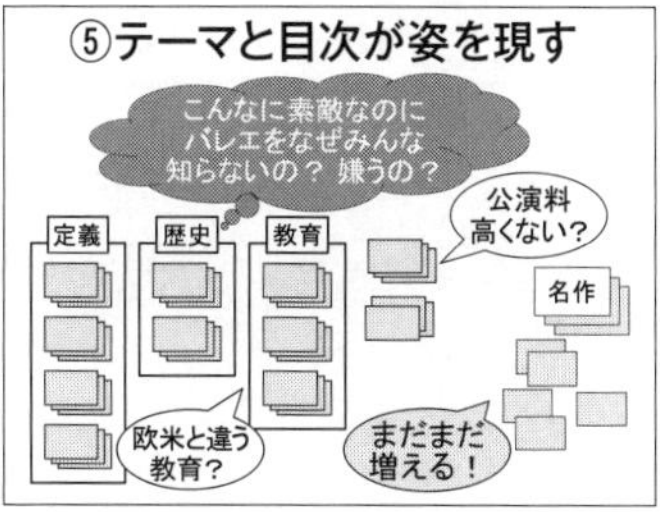

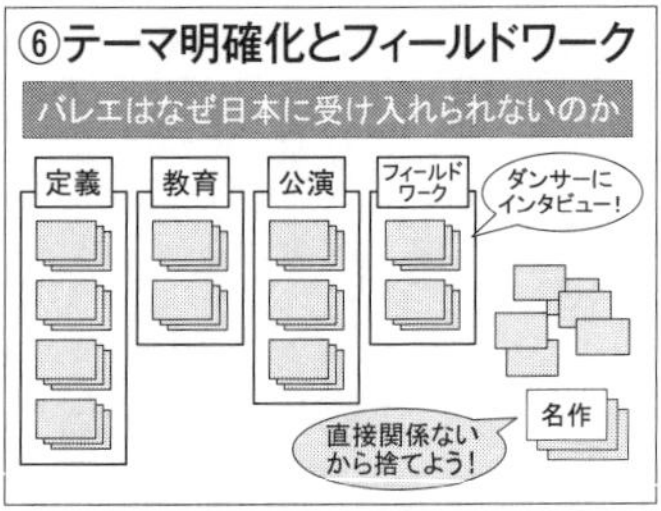

⑥テーマ明確化とフィールドワーク

バレエはなぜ日本に受け入れられないのか

定義
教育
公演
フィールドワーク
ダンサーにインタビュー！
名作
直接関係ないから捨てよう！

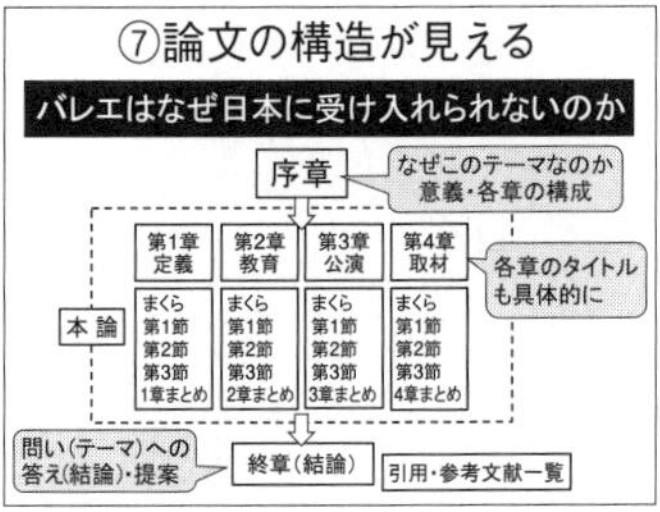

⑦論文の構造が見える

バレエはなぜ日本に受け入れられないのか

序章
なぜこのテーマなのか 意義・各章の構成
本論
第1章 定義
第2章 教育
第3章 公演
第4章 取材
各章のタイトルも具体的に
まくら 第1節 第2節 第3節 1章まとめ
まくら 第1節 第2節 第3節 2章まとめ
まくら 第1節 第2節 第3節 3章まとめ
まくら 第1節 第2節 第3節 4章まとめ
問い（テーマ）への答え（結論）・提案
終章（結論）
引用・参考文献一覧

でお話をうかがいました。

⑦このようにしてメインテーマのもと、論文の構造が見えてきました。序章では論文の意義をのべ、各章の構成を紹介しました。第1章では、バレエの定義や歴史、第2章では教育の国際比較、第3章ではインターネットで調査した公演チケットの料金をのべ、第4章ではインタビューをまとめました。こうして結論として「日本のバレエはなぜこれまで受け入れられなかったのか」の理由をのべ、最後に「需要創出のための業界の努力」の提案を添えました。

このようにして、この生徒の論文は無事着地したのですが、ふりかえって「バレエの名作」や「バレエの歴史」などの、かなりのピースを捨てることにもなりました。よい論文はテーマから結論まで無駄なく結んでいるべきですから、それ以外の「こんなに勉強しました」は、バッサリ切ってしまうことにもなるのです。

さて、この生徒は具体的なテーマを立てられたのでよかったのです。一方で「好き」からはじまる生徒の論文のタイトルによく出るフレーズがあります。「なぜ人気なのか」「なぜ魅力的なのか」「なぜ愛されるのか」などです。

要は、これらは研究対象が「なぜ好まれるか」を問うていますが、これらの研究はおもしろくなりません。というのも、世の中の流れに乗った理由探しは常識的でつまらないからです。たしかにラーメン・ディズニー・YouTubeは人気で、愛されて、流行しています。しかし、常識を確認しただけの研究では、「みんなそう思ってるよ。それがなにか？」といわれるのがオチです。

「好き」ではじめるなら、バレエの例でみたように、愛しているからこそその、課題や問題点（ときには怒りや憤り）を見出してテーマとしたいものです。

2・3・7 第2章のおわりに——先輩からのメッセージ

この章はテーマ設定についてのべてきました。この先は、資料の収集や情報整理を解説する章になります。研究を進めていくと、必ずテーマ設定に戻ってきますから、そんなときはこの章を読み直してください。なにかヒントが隠れているはずです。

この章の最後に、論文作成を終えた三人の先輩からのメッセージを紹介します。

A先輩：(論文作成は) ためしに走ってみて、何度でも引き返せる。たしかに、テーマを吟味する時間は大切だ。しかし、恐れずに、前へ進んでみることも同じくらい大切なのだ。だから、早いうちに、「ためしに走って、引き返す」ことをくりかえすことをおすすめする。その動作は決して無駄ではない。その分だけ自分の中に蓄積されて、自分の興味の方向をより明確にしてくれる。

B先輩：テーマを決めることに関しても、自分の興味があるかなんて調べる前にはわからない。自分で少しでも本を読んでみて、そのことについて少し知ったときに、興味があるのかないのかわかってくる。だからテーマが決められなくても、とりあえず本を読むことをおすすめする。

C先輩：私は春休みに図書館に行った。テーマを決めようと決意して行った。しかし頭の中がぐるぐるして、いっぱいになっただけで終わってしまった。そして、

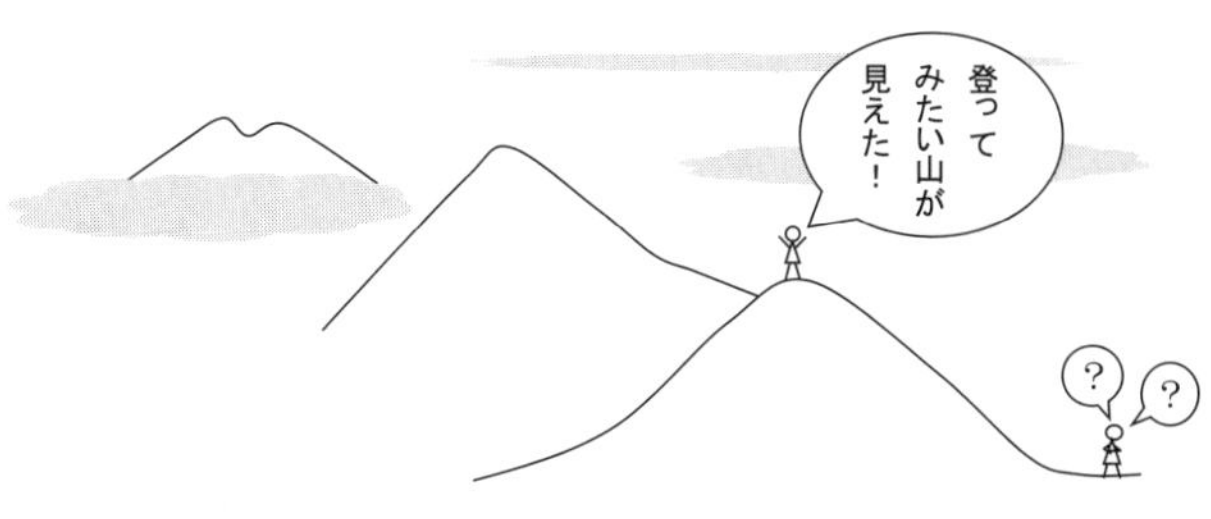

目の前の山に登ってみるから、登りたい山を発見できる

お風呂、トイレ、あらゆる所で考えた。

実感です。テーマ探しはまさに「ぐるぐる」するものです。不安にもなるでしょう。でも、くりかえしますが、テーマを変えることは「ダメなこと」ではありません。テーマは変わって当然です。

「興味があるかどうかは自分にしかわからない」、それが原則です。どんなテーマでも「大切だ、興味がある」と感じたら、それがほんものかどうかを自分で確かめてください。テーマ設定は、「登りながら登る山を見定める登山」のようなものです。最後にどの山の頂（いただき）をめざすか、それを知るためには、まずは手前の山に登ってみなければなりません。手前の山に登ってみると視界が開けて、その先の山々が見えてくるのです。

ここがポイント4
「好きで興味がある」から「意義がある」へ

テーマ設定で難しいのは、「研究の意義」です。先生との面接があるとして「この研究の意義や価値って何ですか？」という質問に答えられるでしょうか。「好きだから」「興味があるから」「調べたいから」は当然すぎます。問題はこの先です。「自分以外の人たちにとって（社会にとって）その研究はどんなよさがあるのですか？」に答えてください。

手元にあるどんな本でも「この本には～という意味があるから書かれた」という理由があります。それがあるから本にしたのです。同様に、みなさんの研究も「どんな意味、あるの？」という問いに答えられなければなりません。問われることは苦しいものです。意義を語るための知識不足の場合はなおさらです。でも、はじめはだれでもそんなものです。不足する知識は学んで補えばいいだけです。

研究の意義を考える

研究のよさを読者に訴えられるでしょうか？

3 論文の基礎単位「ピース」をつくる

この章では手元にあつまった資料から、どう論文の材料を作り出すかを紹介します。家を建てるときには材木やレンガなどの資材を集めます。一方、「論文」という建物を組み上げるための材料をこの本では特別に「ピース」と呼んでいます。

「論文作成ってなにするの」と問われれば「読書と丸写しをして考えること」と答えます。手に取った資料を読むのが第一。次に、おもしろい、大切だと思う部分を探して、ふせん紙をつけたり、マーカーを塗ったりして「丸写し（引用）」をします。さらに、引用について「考えたこと（コメント）」とタイトルも添えます。こうして論文づくりの部品ができます。これが「ピース（piece）」です。パズルのピース、つまり論文のカケラという意味です。

ピースが増えると知識が増えます。知識が増えれば読みたい資料が増えます。それらを読めばさらにピースが増えます。論文作成は読書とピースづくりのくりかえしです。

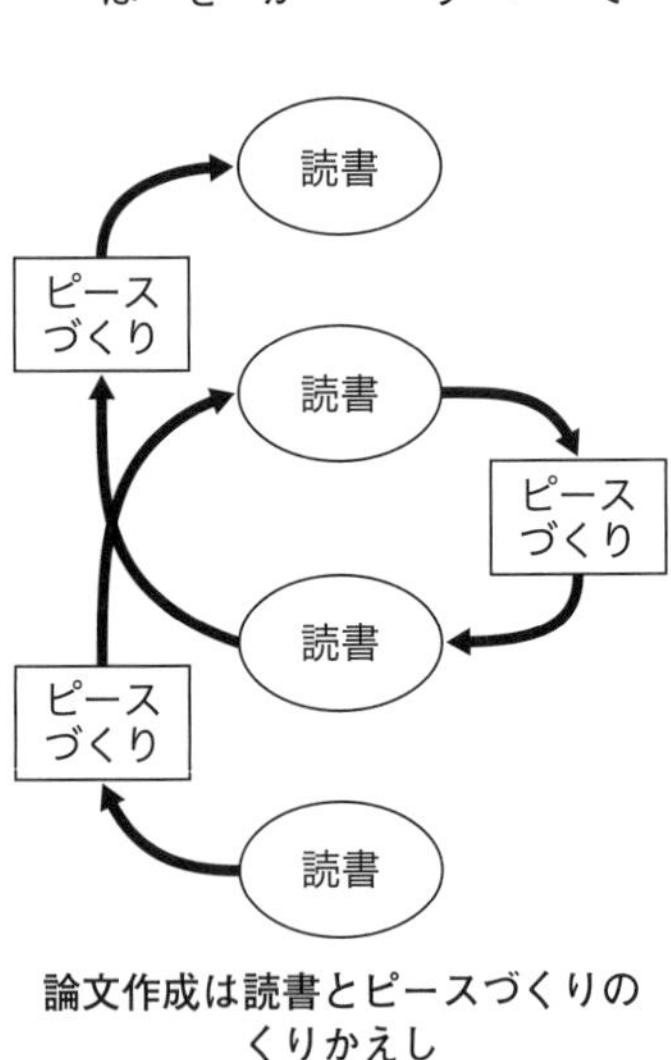

論文作成は読書とピースづくりのくりかえし

3・1　読書のしかた

3・1・1　本をどうやって読むか

論文を書くうえで、本はどうやって読めばいいのでしょうか。インターネットのように、めざす情報がすぐに現れないのが、本の手間のかかるところであり、よいところです。

何冊か本を手に取って、ぱらぱらめくります。それはいったいどんな種類の本なのでしょう。写真や図は多いのか、文字は小さいのか大きいのか、大人向けなのかそうでないのか、専門の人向けなのか一般の人向けなのか。著者はどんな方なのか……。見当はつきますね。

これは、という本を見つけたら、まず目次を読みます。そこに自分の求めている内容はあるでしょうか。目次は本の縮小コピーのようなものですから、どんな内容がどんな順序で書いてあるのかがわかります。

こうして、ある程度どんな本なのかがわかったら、三つの作戦で本を読んでいきます。

「探した本は全部読まないといけない」と考えたくもなります。そうではありません。研究のための読書は小説を読むのとは違うのです。

①基礎的な知識を得るための本

「この本は基礎的な知識がわかりやすくまとまっているな」と感じたら、はじめから最後までじっくり読みましょう。小学生向けの本が役立つことも多いです。テーマにしたい分野の、入門的で体系的な知識が一通り学べます。これらの本は、いわばあなたにとっての教科書です。

こうした本を探すには、図書館の司書の方に「〇〇の分野がわかるような読みやすい本はありませんか」と相談します。

②キーワードを調べる本

事典や辞書などの調べるための本（参考図書・レファレンス資料）を読む方法です。索引からキーワードを探すので、ネットの検索に近い読み方といえます。百科事典や専門事典、各種の用語辞典は一見地味ですが、キーワードの定義を調べるのに適しています。定義といっても、正解があるわけではなく、いろいろな人がいろいろな意図で定義をしています。

③部分的に読む本

関心のあるところ、大切そうなところを探して読む本の読み方です。本の目次や索引を調べて、興味のある部分から読み出します。難しいと感じる一般書や専門書もあります。そんな本でも、目次や図版は見ておきましょう。研究が進んで、ふたたびその本を使うときが来るかもしれないからです。

3・1・2 ふせん紙を貼って読む

読書に必ず必要になるのが、ふせん紙とマーカーです。特に図書館で借りた本は、ページを折ったり、書き込んだりできませんから、気になるページには、ふせん紙をどんどん貼ります（古い本は活字がはがれるので、しおりがいいです）。また、ふせん紙を貼ったら、そこに簡単な見出しを書いておくと、あとから便利です。

とはいえ**「これは大事だ」という本を見つけたら、思いきって買いましょう。**そして、汚すのをためらってはいけません。ふせん紙を貼り、マーカーで線を引き、コメントや疑問をページに書き込んでいきます。まっさらな本より、ふせん紙やメモでカスタマイズした「自分の本」に価値があるに決まっています。

3・1・3　同じ分野の本を何冊も読む

「ファストファッション」をテーマにしていた生徒が、次のような報告を寄せてくれました。「いろんな本を読んで思ったことなのですが、どの本にも必ず『ＳＰＡ型』という単語が現れました。いろんな本に必ず書いてあるということは、絶対に大切なことだと思うので、ＳＰＡ型について、詳しく調べたいと思います」。

ＳＰＡとは、「製造から小売りまでを一貫して行う小売業」ですが、このようにある分野について似たような本（「類書」といいます）を読めば、その分野が共通して持っている、重要な概念を見定めることができます。

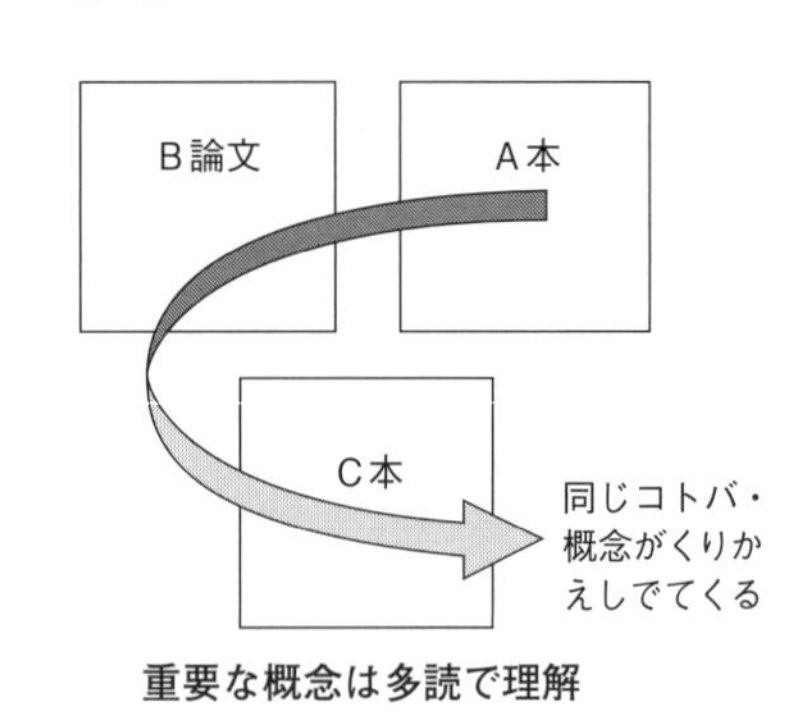

重要な概念は多読で理解

3・2 「ピース」は情報の単位

3・2・1 「ピース」とはなにか

下の図のような情報のひとまとまりを、「ピース(piece)」と呼んでいます。重要だと思った部分を見つけたら、なにはともあれコンピュータをひらいて、引用をして、ピースをひとつつくりましょう。ピースづくりが論文づくりそのものです。細胞が増えて植物が育つように、ピースが増えて論文が育ちます。

またピースには、論文に必要な考え方や技術がつまっています。タイトルにある問い(テーマ)に、みなさんはピースを通じて答えます。つまり

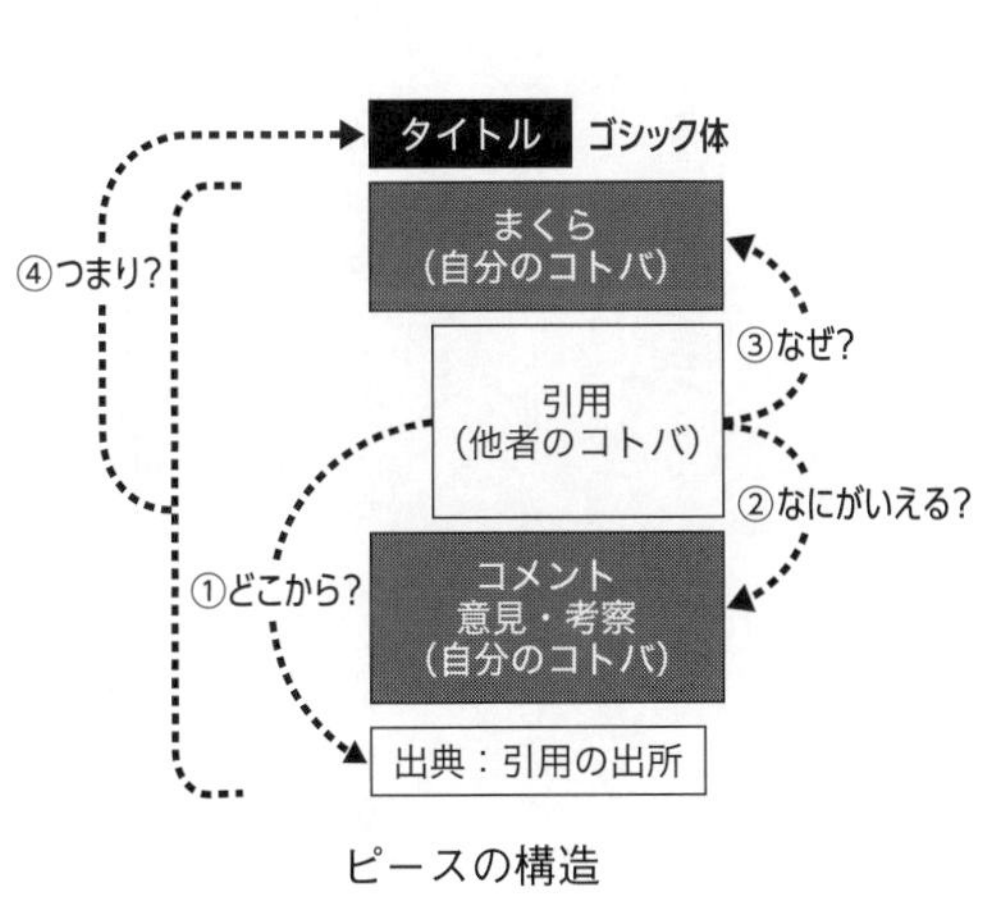

ピースの構造

ピースそれ自体がひとつの「小論文」なのです。

ピースは論文の「基礎単位」です。あつめた情報がピースという単位に加工され蓄えられ、論文が形作られてゆくからです。

それぞれのピースの構造と内容がしっかりしていると、あとからとても役に立ちます。反対に、ピースをいい加減にしていると、自分がなにを書いているのかがわからなくなってしまいます。

さて、関心を持った、強く心を動かされた資料の一部分を引用しました。このひとつの引用に、ピースのための四つの記述を加えます。これらは引用について、「どこから？」「なにがいえる？」「なぜ？」「つまり？」の四つの問いに答える作業です。

①《脚注》引用した出典の書誌情報→「どこから？」

どんな資料のどの部分から引用してきたのですか。それを示します（出典の書き方については第5章で紹介します）。

②《コメント》引用からどのようなことがいえるか→「なにがいえる？」

引用に対する意見や考察をのべます。ピースのもっとも重要な部分です。コメントはもちろん「自分のコトバ」です。コメントは難しいです。「へえー、そうなんだ！」という感嘆詞しかでてこない場合も多いですから、難しいようなら飛ばしてかまいません。

③《まくら》なぜ引用するのか→「なぜ？」

なぜその引用をしたのか、その理由を書きます。この部分をこの本では「まくら」と呼んでいます。まくらも「自分のコトバ」です。

④《タイトル》このピースはなにが書いてあるのか→「つまり？」

これがこのピースのテーマです。疑問文で書いてもいいです。また、タイトルは看板なのでめだつようにゴシック体で書きます。この項のタイトルも「『ピース』とはなにか」とゴシック体・疑問文で書きました。

ピースのいいところは、「一目で何が書いてあるのかがわかる」「自分のコトバと他者のコトバ（引用）が区別できる」ところにあります。

サンプルをひとつ次ページに紹介します。

コミックマーケットの存在意義はなにか ④

③ コミックマーケットを巨大なイベントに育てた、創立者のひとりである、霜月たかなかが以下のようにコミックマーケットの存在意義について述べている。

【1行空ける】

引用（2文字下げる）

　　まんがを描くことが子供じみた行為とされた昔は、作家になれなければ、描くことを断念するしかなかったのだ。そんな二者択一を三者択一に増やしたのがコミックマーケットであり、まんがを作れる者なら誰でも、「作家」と「読者」の関係を持つことができるようになった。(中略) 今、僕にとってはこの「選択肢を増やした」ことだけが、コミックマーケットを作ってよかったと思える唯一の根拠となっている。(霜月, 2008, p.211-212)（文献表示）

【1行空ける】

② コミックマーケットの活力の源はこの「だれでも作家になれる」という回路を作り上げたところにある。だれもが発信者として、自分の努力（まんが作品）を求める人々に手渡せる場を作り上げたことが、コミックマーケットの存在意義だ。作家が描きたい作品を作り、それを求める読者が現れる。コミックマーケットではこうして生まれた多くの作品と、何十万という読者が出会う。ここに文字通りのコミックの「マーケット（市場）」が成立する。

① 霜月たかなか（2008）『コミックマーケット創世記』（朝日新書150）朝日新聞出版

①出典（あとから引用・参考文献一覧に移動させます）
②コメント　③まくら　④タイトル

ピースの作成例

3・2・2 「ピースの素」を仕込む

ピースをおおまかに説明しました。とはいえ、はじめから完全なピースをつくるのはたいへんです。そこで、はじめは引用をしたら、とりあえず引用元の本や論文の情報(出典)とタイトルだけをつけてしまいます。それを簡潔に書くと図のようになります。

こうした「ピースの素」を蓄えて寝かせておくのです。ピースづくりの「仕込み」です。資料を読んで、これはという部分に出合ったら、このピースの素をつくっておきましょう。

ピースをつくる目的は、引用ではなくコメントです。引用は、自分のコトバであるコメントをのべるための素材であり根拠です。コメントが積み重なるから、自分の主張「論文」が育ちます。裏を返せばコメントのない論文はただの「調べました(写しました)学習」にすぎません。

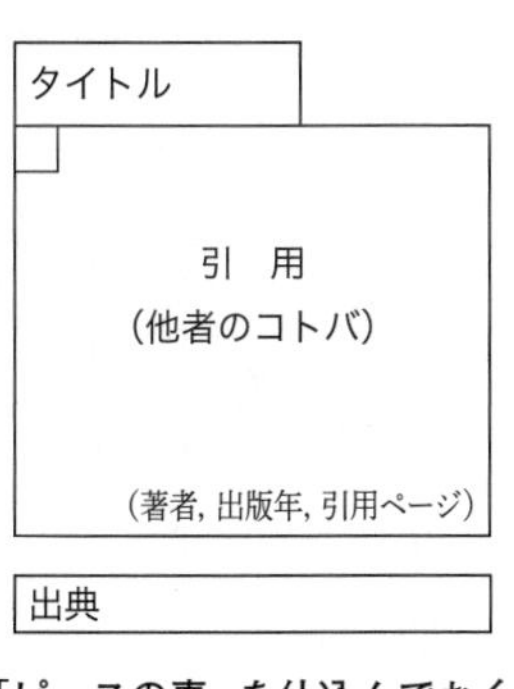

「ピースの素」を仕込んでおく

ピースをつくる際、本からの引用文の最後に文献表示（一五六ページ参照）、ピースの下に出典を書いておきます。その場で書かないと、あとから面倒な事態が生じます。というのも、引用はしたけれど、「いったいどこの本のどの部分から引用したのか」がわからなくなってしまうからです。一〜二冊の本なら覚えることはできるでしょう。しかし論文では、ときには何十もの本や論文やインターネット資料と格闘しますから、時間がたつとわけがわからなくなってしまうのです。**「資料が手元にあるときに出典を書いておく」、これが原則**です。しかも先のサンプルのようにピースをていねいにつくっておけば、論文の最後につける「引用・参考文献一覧」も苦労せずつくれます。

3・3 研究の土台づくり

3・3・1 どこからピースをつくるか

いろいろな場所にふせん紙が貼られ、マーカーで線を引かれた資料が手元にあるかもしれません。では、これらの資料のどこからピースをつくりはじめたらよいのでしょうか。「おもしろく、大切に感じるところ」といってしまえば簡単です。しかし、研究を進めるにあたって土台となる、「これはおさえておきたい」という知識があります。つまり論文の基礎を固める知識を、はじめのピースにするとよいのです。それは次のような項目です。

①定義（「○○とはなにか」に答える）
②起源（「○○はどのようにしてはじまったのか」に答える）
③歴史（「○○にはどのような道のりがあったのか」に答える）
④分類（「○○にはどのような種類や区別があるのか」に答える）
⑤現状（「○○はいまどうなっているのか」に答える）

これらをすぐに全部調べるのは、難しいかもしれません。しかしこうした記述に資料のなかで出合ったら、ふせん紙を貼っておくのを忘れないようにしましょう。

定義は面倒でも、いくつかの資料から引用して比較します。簡単な意味や定義を調べるなら、『ポプラディア』のような子ども向けの百科事典や、国語辞典が役立ちます。また『世界大百科事典』や専門の事典を調べれば、学問的な定義の他に、起源や歴史・分類などもわかります。さらに現代の話題は、やはり『現代用語の基礎知識』などでしょう。現状については、なるべく新しい資料や統計を手に入れたいので、ここはインターネットの出番です。

3・3・2 コメントはどうやって生まれるか

ピースの中でやはり難しいのはコメントです。引用に対する自分の意見や考察・解釈をのべるのですから、ただ読んで写す引用より複雑です。というのもコメントを書くためには「この引用は、自分の論文にとっていったいなんなのだろう?」と自ら問いかけ、頭を働かせなければならないからです。コメントが生まれるまでのプロセスをたどってみます。

①「感動詞」が生まれる

引用しようという文章と出合ったとき、心が動きます。といってもその動き方はさまざまで、頭の中にいろいろな「感動詞」が生まれます。例えば「あっ」「うーん」「おやっ」「おおっ」「あれ?」などです。これでは、叫び声ですね。そこでこれらをすこし具体的な

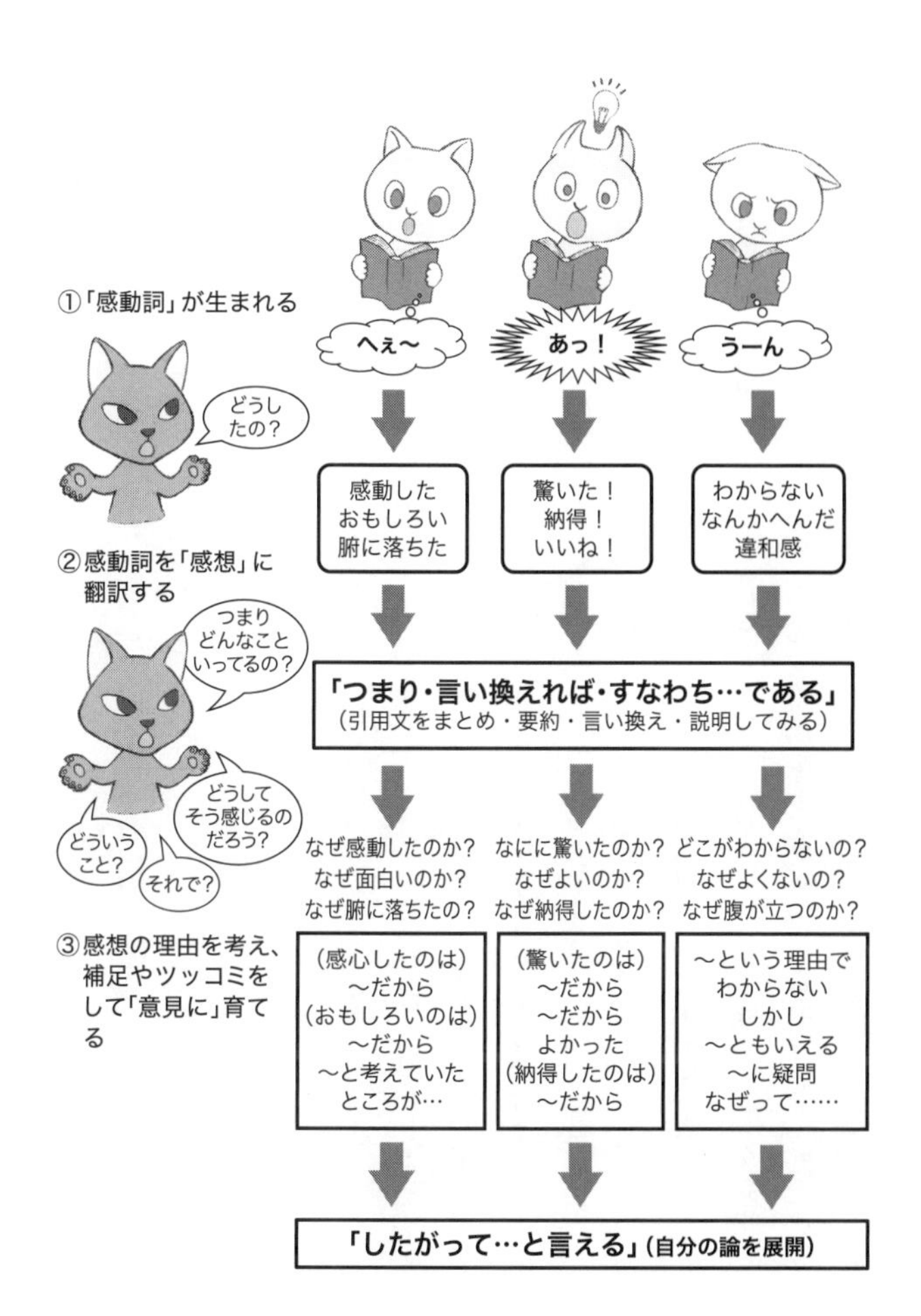

「あっ！」がコメントになるまで

言葉にすると、「そうそう」「で？」「なるほど」「へぇー」といった応答（あいの手）や、「おいおい」「ちょっと」「なんで？」といった呼びかけ（ツッコミ）になるかもしれません。

②感動詞を「感想」に翻訳する

感動詞が出たなら、今度はそれを具体的な「感想」に翻訳してみます。「いったいどんな風に感じたのかな？」「どうしたの？」と自分に問いかけてみるのです。

「あっ」ならば「驚いた」かもしれません。「へぇー」ならば「感心した」、「うーん」ならば「難しい」、「なにっ！」なら「怒った」かもしれないですね。このようにしてさまざまな感動詞が具体的な言葉となれば、心の動きがほかの人に伝わりやすくなります。

③感想の根拠や理由を考える

感想が言葉になったなら、次は引用文を自分の言葉でいったんまとめてみます。そして「こうした感想がなぜ、どうして生まれたのかな？」と、ふたたび自分に問いかけてみます。例えば「感心した」なら、「この文章のどんな部分になぜ、感心したのか」を考えます。また「驚いた」ならば、「どこの部分に、なぜ驚いたのか」を考えます。「難しい」ならば「どこが、なぜ難しいのか」を考えます。

こうして考えると、「感心した。なぜかといえば〜だから」「驚いた。なぜかといえば〜だから」「難しい。なぜかといえば〜だから」となります。そこから踏み込んで「つまり……といえる」と自分の論を展開できれば文句なしです。

3・3・3 論文づくりは「感動詞」の「意見」への変換作業

本を読む、映画を見る、買い物をする、友人と話す、そうしたときに何かしら「あっ」と心が動く瞬間があるでしょう。その「あっ」をそのままにしないで、心が動いたその理由についてていねいに言葉にする、それがコメントであり、論文のはじまりです。

家族とテレビを見ていて、やたらとコメントしてうるさがられるような人は、コメンテーターの才能があるかもしれませんね。要するにコメントは「感動詞の意見への変換作業」です。そうした積み重ねの先に、借り物でないあなただけの論文が生まれます。

ともあれ、理由を含めて説明ができると、ただの感想（所感）が意見（批評・コメント）に成長します。感想は「自分が感じた好みや不満など主観的な判断」なので、議論の対象にはなりにくいのです（「感想が正しい・まちがっている」などとは言いませんよね）。

一方で、意見は、「是非・善悪・正邪などを指摘して、自分の評価をのべること」なので、正しいか・正しくないか、賛成か・反対か、善いか・悪いか、ほんとうか・嘘か、が議論できます。つまり感想文と論文は違います。論文は書かれたコメント・議論が読まれて、その根拠や論の妥当性や説得力が吟味されるものなのです。

「心が動いた理由」はさまざまですし、そう簡単には説明できない場合も多いです。しかし、感動しても腹が立っても「心が動いたこと」が研究の出発点であることを忘れないでください。たくさんの「あっ」「むっ」「へぇ～」「うーん」が生まれる本を探す。それが研究にとっては不可欠です。そのうえで、「とにかくこの部分が自分の心に引っかかった」という、なんらかの記録を本の中に書き込んだり、引用してメモを残すのが大切です。

一方で、資料を読んでも心が動かず、おもしろくも感じず腹も立たないなら、方針を考え直した方がいいかもしれません。

第３章のおわりに

みなさんの論文の材料が、ピースのかたちになってあつまってきました。もし資料を写したりするのを「メンドくさい」「やってらんない」と感じるようなら、方針を考え直してかまいません。何度でもくりかえしますが、大切なのは「自分の興味」だからです。

ほかの人が(友人が、先生が、家族が)なんと言おうと、自分の興味や問題意識を貫きましょう。まちがっても「特別興味はないけど、こんなテーマなら先生に受けがよくて、資料があって楽にたくさん書けそうだ」などと妥協をしてはなりません。

「資料がない。先生も関心なさそう、友人も知らない。でも自分には興味がある」、そんなことがらにこだわるのが、遠回りにみえても充実した論文作成にいたる近道です。

「わがままを通したらテーマを認めてもらえないよ」、そう考えるかもしれません。たしかに「好き」「興味がある」「調べたい」ばかりを強調してもダメでしょう。先生を納得させる説得力のある言葉が必要です。つまり、この研究が自分以外のだれか、それも多くの人びと(社会や世間)にとってどんな意味や意義や価値があるかを考えるのです。

「いくら好きでも、そんな立派なことがいえるかな?」ですか。秘訣があります。それが「味方探し」です。自分と同じ興味で過去に書かれた先輩の資料が、図書館やネットの中に必ずあります。そうした味方を探して、研究に役立てる方法を次の章で紹介します。

ここがポイント5 「トマト水煮缶」にはトマトを入れよ

ここに「トマト水煮」の缶詰があるとします。パスタのソースでもつくろうかと、缶のフタを開けてみると中から「サバ水煮」がでてきました……。そんな経験はないでしょう。

しかし、論文をつくる過程、特にピースがあつまって節や章をつくろうとすると、中身とラベル（見出し）が食い違っている、「サバ入りトマト缶」が多くなります。「トマト缶の中身が全部サバ」ではなく、トマトの中にサバやタケノコなどが交ざった「ごった煮缶詰」が多いです。トマトラベルの缶にはトマトだけを入れてください。

論文ではこれまでにないほど文章を書きます。どんなことを書いたのかは書いたそばから忘れてしまいますから、「見出し」が大切になります。ラベルがめちゃめちゃな缶詰で料理はできませんから。

「ラベル通りの中身」は、論文作成全体を通じたルールです。「ピース」も、「節」も、「章」も、そして完成した論文全体の「タイトル」も、その中身はすべてラベル（見出し）通りにします。タイトルで「トマト」を期待した読者に、「サバ」を食べさせてはいけません。

4

論文資料のあつめ方
——先人に学び乗り越えるために

この章では、探究のための資料のあつめ方を中心にお話しします。

論文は、先人の研究したことを参考にしながら、それを批判的に乗り越えなくてはなりません。自分の思っていることは、たいてい先人がすでに考えているものです。でももちろん、がっかりすることはありません。それは、とてもありがたいことなのです。

なぜなら、あなたは、その先人の悩んだことを悩まないですむからです。あなたは、その先人の悩みを理解して、いっしょに考えて、じゃあこうすればいいんじゃないのと、提案すればいいのです。

というわけで、この章では、図書館やインターネットから、さらにはいろいろな人から直接にお話をうかがったり、アンケートで情報をあつめる方法を具体的にお話しします。

図書館やインターネットは、もうすっかりおなじみかもしれませんが、案外知らないことも多いと思います。そしてまた知っていても、いままでちゃんと使ってこなかったこともあるのではないでしょうか。

この章に書いてあることは、知っていると思っても、一度は試してみてください。案外新しい発見があるかもしれませんよ。

4・1　図書館を使いこなす

4・1・1　図書館の本は並んでいるから役に立つ

論文作成の最大の味方が図書館です。ここで資料が探せたら、論文の基礎知識はじゅうぶんに手に入るでしょう。ただしそのためには、図書館のしくみを理解しておく必要があります（そんなに難しくはありません）。

図書館の本は、並んでいるから役に立つのです。ためしに、近所の図書館とまったく同じ本があるけれど、整理をしていないメチャメチャな図書館があると想像してください。そんな図書館で、だれが本を探して読んでみようと思うでしょうか。

「どんな本がどこにあるのか」という規則が決まっていて、だれでも読みたい本を探せる工夫をされているのが図書館です。この便利さは、実際に使ってみないとわかりません。

一冊、図書館の本を手にとってみましょう。本の背表紙には必ずラベルがついています。このラベルによって、この本が図書館のどこの棚に入るかが決まっています。書かれている数字（分類番号）や文字をまとめて「請求記号」といいます。

図書館の本は、物語の本は文学の棚、野鳥の本は動物学の棚と、似た内容の本をあつめて整理しています。とはいえ、本の内容といってもいろいろあるので「日本十進分類法（ＮＤＣ）」という分類の約束が必要になります。

日本十進分類法では、すべての本を大きく「０類」の総記から「９類」の文学まで、一〇種類にわけます。そして、それらをさらに細かく一〇種類にわける……、とくりかえして番号をふります。例えば鳥類の本には４８８（よんはちはち）です。この数字には図のような意味があります。同様にして、徳川家康の本は２１０の日本史に、サッカーの本は７８３の球技に入ります。

こうして、０００から９９９までの３けたの数字が図書館の本の分類の基本になっています（子どもの本は２けたの場合もあります）。図書館の司書さんはこの３けたの数字を見るだけ

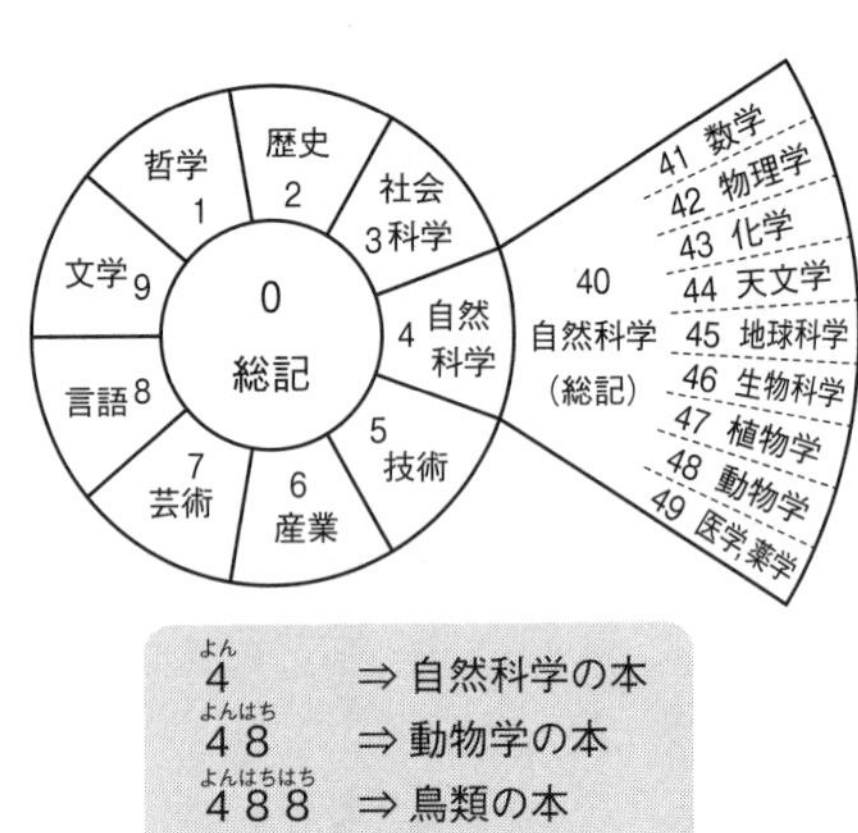

日本十進分類表（NDC）のしくみ

で、おおよそ何の本なのかがわかります。

本棚の本は、はじめに「分類番号（記号）」の順に並び、次に「図書記号」（著者の頭文字）の五十音順に、さらに「巻冊番号」（シリーズの巻数）の順に並んでいます。そして、本棚の本はいつでも下図のように、左上から右下にむかって並んでいます。

4・1・2　図書館の本を検索する

図書館で情報をあつめるなら、キーワードが文字通り「鍵」になります。鍵がなければ図書館はもちろんインターネットの扉も開けられません。まずは近所の公共図書館か学校図書館の本を検索してみます。

例としてあげた検索画面には五つの検索窓があります。「フリーワード」と「書名」「著者名」「件名」「分類記号」です。検索窓は目的に応じて使い分けます。「フリーワード検索」はある本に記録された全データの中からキーワードを含む本を探します。しかしそれで関係のない本がたくさん出る場合は、本の内容を検索する「件名検索」が便利です。

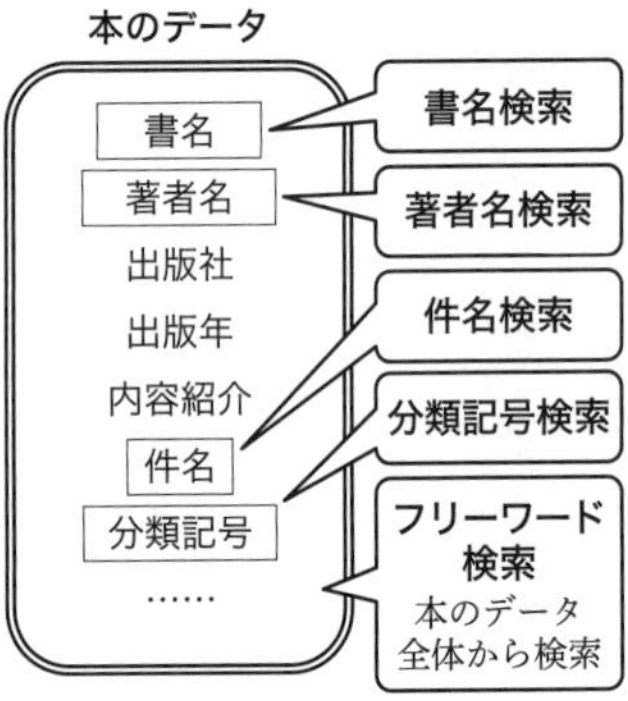

本のデータ
書名
著者名
出版社
出版年
内容紹介
件名
分類記号
……
書名検索
著者名検索
件名検索
分類記号検索
フリーワード検索
本のデータ全体から検索

図書館の本の検索

4・1・3　公共図書館で調査する――勇気を出してレファレンス

研究は本を手にすることではじまります。「こんな本が欲しい」と思っても、残念ですが学校図書館の本はそれほど多くありません。そこでぜひ、地元の公共図書館に出かけてください。市立や区立の図書館には学校図書館の何倍・何十倍の蔵書があるからです。

こうした大きな図書館の本を、くまなく自分で探すのはたいへんです。それに、図書館には書庫というスペースがあって、見えないところにたくさんの本があるものです。そこで、こうした蔵書をくまなく探してくれるのが、レファレンス・サービスです。図書館のレファレンス（調べもの）・コーナーの方に「〇〇について知りたいのですが……」といえばいいのですが、はじめは勇気が必要かもしれません。「難しい質問でないとダメ？」「仕事を増やして迷惑かな？」という心配をしがちですが、レファレンスは司書さんの仕事で、資料を探す人をだれでも歓迎してくれます。むしろ、自分の調べたいことをはっきりというのが親切です。「あの〜……イルカなんですけど……」ではなく、「論文づくりでイルカの種類と能力を調べています。難しくない本をお願いします」といいます。自宅で検索した結果を印刷して持参する、という手もあります。

ときに、こうしたレファレンスの質問と回答は記録され、ネット上で検索ができるように「レファレンス協同データベース」（http://crd.ndl.go.jp/reference）というか

学校図書館の検索ページ

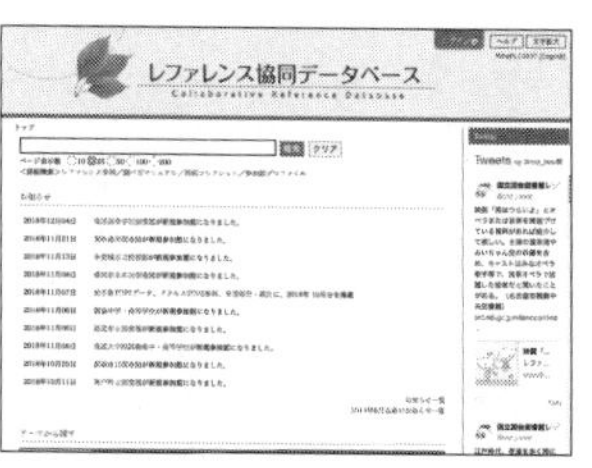

レファレンス協同データベース

たちにまとまっています。日本のどこかでだれかが似たような質問をしたときの答えが紹介されているので、たいへん便利です。

さて、いろいろと調べてみると世の中にはよさそうな本があるけれど、地元の図書館にはない、という場合もあります。そうしたときは図書館ネットワークを利用します。市立図書館などは、市内はもちろん近隣の自治体や都道府県の図書館と連携していて、どの図書館からでも取り寄せることができます。この仕組みを使えば一〇〇万冊単位の本を探して手に取れるのです。リクエストしておおよそ一〜二週間で届きます。もちろん無料です。

4・1・4　大学図書館や博物館の図書室も利用しよう

案外知られていない情報の宝庫は、大学図書館と、地域の博物館・美術館・科学館・動植物園の図書室です。ここを利用しない手はありません。

大学図書館は、かなりのものをもっています。理工系は、理科系が中心ですが、それでも他に文系・社会系もかなりもっています。大学というと、少し敷居が高そうですが、いまの大学図書館は、案外オープンです。

博物館（ここからは、美術館・科学館・動植物園などを含めて）は、さすがにその博物館の種類に関係する本が中心です。ですが、それだけにその分野のよい情報が満載です。しかも入館料を払わなくても使えます。そのうえ、お願いすると、専門の学芸員が教えてくれるし、相談にのってくれます。

大学図書館の利用法

残念ながら、中高生は、基本的には利用できません。しかし手はあるのです。たいていの大学図書館は、門前払いにはしません。だって、みなさんは近い将来のお客様ですから。

そこで、こんな感じで試してみましょう。

近くの、あるいは自分の都道府県内の大学図書館に、めざす本や論文があるか確かめる。

＊次の節のサイニー（CiNii）を使って調べる。

⇦

その図書館に、直接電話するかメールして、どうしたらそれを利用できるかを尋ねる。

⇦

そこで断られたらアウトですが、公立図書館を通じて「大人」なら利用できる場合が多い。

ならば、先生や両親などの大人に頼む。近くの公立図書館で本やコピーを取り寄せることができる場合もあるので、相談してみよう。

なにごとも、一回であきらめてはダメ。貸し出しは無理ですが、見るだけならという場合もあります。とはいえ、さすがに始終通って、自由に利用するというわけにはいきません。その大学の付属生でもないかぎり難しいので、今度は博物館に挑戦してみましょう。

□博物館の図書室利用

これは案外穴場！　少し大きな博物館には、たいてい図書室があります。そこの多くは、無料で利用できます。図書室がなくても、そこのサイトからもいろいろ学べます。じゃあ、近くにどんな博物館があるのか。案外、自分の町にどんな博物館があるのか、知らないのではないでしょうか。そこで、次の順序で探してみましょう。

「Internet Museum」というサイトで、近くの博物館を都道府県単位・館種別に探します。

⇦ でてきた博物館をクリックして、そのサイトにアクセスします。HPが載っていなくても、館名で探します。

⇦ もし図書室が探せなかったら、電話で聞いてみます。

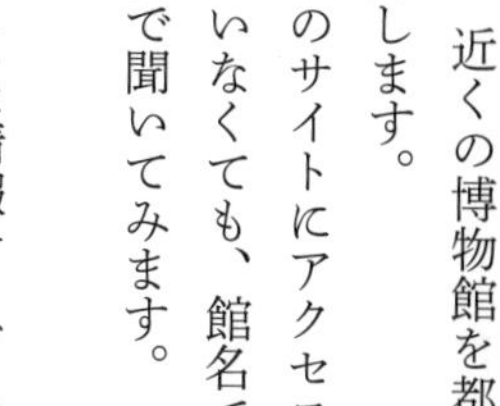

図書室がなくても、たいていさまざまな情報サービスをしているので、直接いくかＨＰで調べると、かなりの情報を手に入れることができます。そして、少し専門的に学んできたら、そこの学芸員さんに突っ込んだ質問をしてみましょう。

Internet MuseumのHP

4・2 インターネットから情報をあつめる

ネットで情報収集は、いまではあたりまえ。だけど、効果的にあつめることができているかとなると、案外そうでもないかもしれません。そこで、もう一度、ネット検索の方法をおさらいしてみましょう。

4・2・1　ネット検索法ベーシック編

(1) 基本的な検索法をマスターしよう　AND・OR・NOT・フレーズ検索

AND検索［A　B］言葉と言葉のあいだにスペースを入れて検索

二つ以上の言葉を同時に含むサイトをヒットさせる、一番ポピュラーな方法。

OR検索［A OR B］言葉と言葉のあいだに半角大文字のORを入れて検索

二つ以上の言葉のどれかを含むサイトをヒットさせる方法。ヒット数が増えるのであまり使わないけれど、まだ焦点が絞れていないときとか、新しい視点をさぐりたいときに使うと、なかなかにいい。

NOT検索［A −C］いらない言葉の前に、半角のマイナス（－）をつけて検索

どこかの会社の宣伝サイトなどをヒットさせないようにできます（URLにある.comとかにつけて検索すると効果的）。

フレーズ検索［"ABC"］複数の言葉でできているフレーズを半角の" "で囲んで検索

「飼いやすい犬種ランキング」のような、複数の言葉のフレーズをそのまま含むサイトだけをヒットできるので、かなり絞って検索できます。

(2) ちょっと工夫の検索法もやってみよう

あいまい検索 [*A B* *C*] 調べたい言葉に半角のアスタリスク(*)をつけて検索

「*」をつけるのは、前でも後ろでも両側でもかまいません。*イヌ、イヌ*、*イヌ*、のどれでもよい。なにかの言葉に関連する語句をまとめて探すのに便利。

ファイル指定検索 [.pdf .xls] 言葉の後に半角おいて、.pdf や .xls をつけて検索

そうすると、PDFになっている文書や、エクセル統計表そのものをゲットできる、なかなか便利な方法。パワーポントの.pptxや、WORDの.docxでも同じ。

期間限定検索 [検索ツール・時間で絞り込む] Yahoo! と Google が提供

なにかの言葉で検索をかけた後に、Yahoo!では、検索結果のヒット数の下にでる「検索ツール」をクリックして、「時間で絞り込む」を使います。ある言葉が、いつ頃から使われるようになったか、あるいは最近の記事だけに絞るのに使えます。ただし完全ではありません。Googleにも同じ機能「ツール」がありますが、ヒット件数がでません。

*なお、OR NOT ‐ * を「検索演算子」といいます。

4・2・2 ちょっと難しい論文をさがそう

研究は、自分一人でするものではありません。あなたが研究したいと思っていることは、たいていだれかがすでにやっています。だからといって、がっかりすることはありません。これはチャンスなのです。その人の肩を借りて、さらに高いところをめざせるからです。

そういうすでにやられている研究のことを、先におこなわれている研究なので、「先行研究」といいます。こうした先行研究を参考にしながら、自分の考えをつくっていく作業が研究です。というわけで、少々難しくても、その道の専門の方がやっている先行研究をあつめて読むほうが着実で、案外「急がば回れ」なんです。

あつめ方は、二種類。ネット上にある論文本体をさがす方法と、論文をあつめているデータベースを使う方法です。

(1) ネット上の論文をさがす

これは、とっても簡単。前ページで紹介した、「ファイル指定検索」を使います。例えば、

［イヌの進化 .pdf］と入れると、イヌの進化について、PDFになっている論文をすぐに手に入れることができます。他に、［.ac］もつけてみましょう。

［イヌの進化 .pdf .ac］と入れると、［.ac］は大学を表す記号ですので、大学レベルの研究者が書いている論文を手に入れることができます。というより、大学以外の資料ははぶくといった方が正しいでしょうか。

ね、簡単でしょう。この方法で、かなりの論文をあつめられます。なお、ヒットした各項目の最後のところに［~~.pdf~~］と取り消し線が入っている場合があります。これは、その項目では、.pdf がありませんという意味です。

(2) 論文データベースでさがす

先行研究をさがすのに便利な、論文のデータベースがあります。これを使えば、ネット上にあるものだけでなく、まだPDF化されていない、少し前の論文もさがすことができます。インターネットが本格的に始まって、約二五年。検索方法が充実してきたのは、まだここ数年のことです。しかも、ネットから多くの論文がダウンロードできるようになったのは、じつはつい最近なんです。

そこで、ダウンロードできないものもさがすことのできるデータベース検索、それを一つだけ紹介します。でも、ダウンロードできなくては意味ないじゃないか、ですよね。でもそれを取り寄せることもできますので、それについては次ページで。

サイニー（CiNii）で論文さがし

国立情報学研究所が提供している日本の論文さがしのトップ選手。他にもあるのですが、だいたいこれでじゅうぶんです。次の三つの種類を検索できます。

日本の論文をさがす：大学や学会の論文集や、ほかの学術団体の雑誌、市販の学術雑誌に掲載されている論文をさがせる。

大学図書館の本をさがす：市販の本や、研究報告書、そして雑誌が、どこの大学図書館にあるかを調べられる。

日本の博士論文をさがす：各大学から授与された博士号を取得した論文を調べられる。

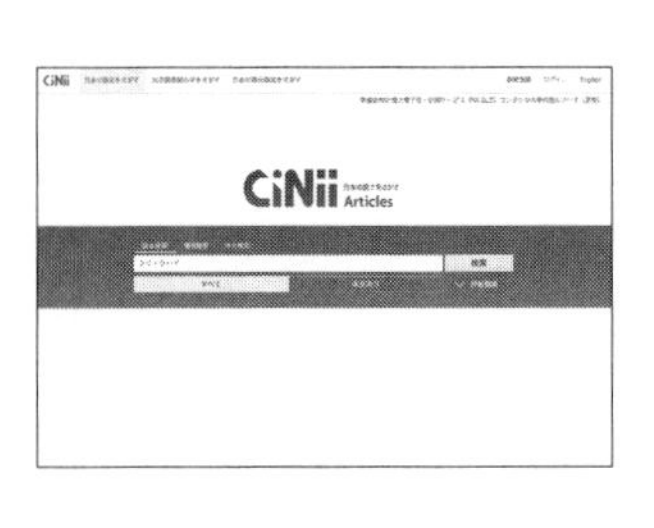

サイニーの最初の画面の一番上の左にあるメニューから三つのどれかを選びます。

「日本の論文をさがす」では、［すべて］［本文あり］から選びます。

⬅ ＊［すべて］は、ダウンロードできない論文も含まれます。

⬅ ＊複数の言葉を入れて検索するときは、「全文検索」で。

読みたい論文が見つかったけれど、それは市販の専門雑誌なのでダウンロードできない、という場合は、
＊近くの公共図書館にその雑誌を置いていないか確かめます。ない場合は、「大学図書館の本をさがす」の［雑誌］で近くの大学図書館にないかを調べます。ただし、全巻号がそろっていないことがあるので注意。
例　青山学院大学 図書館 1981-2018 継続中　9-45,46(1-8)+
一九八一年の九巻からあるけど、四六巻は、一号〜八号までしかない。でもその後はずっと（＋）あるよ、という意味。
⬅ めざす論文が載っている雑誌のある大学図書館が見つかったら、そこにメールか電話でコピーをもらうための手続きを問い合わせます。たいてい、なんとかなります。

ここがポイント6　検索の極意＝やみくも・イモヅル・ねらいうち

自分の論をつくるには、まとを絞らなくてはなりません。そのためには、先行研究論文もまとを絞ってあつめなくてはなりません。ではどうするのか。最初からまとを絞るなんてできませんから、次の三つの段階をふんであつめてみましょう。これは、自分の論を探究する段階でもあります。

第一段階　やみくも収集

最初は、まだねらいが定まっていませんから、検索エンジンやサイニーを使って、手当たり次第に「やみくも」にあつめます。

第二段階　イモヅル収集

次に、あつめたものを少し読んでみて、気になった論文の最後にある「引用・参考文献一覧」を見ます。そこに載っている文献を可能なかぎりあつめてみます。イモヅルというのは、一つのイモ（先行研究論文）の根にたくさんのイモ（参考文献）がついている感じからの命名です。

第三段階　ねらいうち収集

こうしてイモヅルをいくつかやってみると、なんか同じような文献が目につくようになります。つまり、みんなが参考にしている文献が見えてきます。それは、あるテーマだったり、ある人物だったり、ある雑誌の特集だったりします。ならば、それを手に入れるにかぎります。

そこで、そのテーマ・人物・特集をキーワードに「ねらいうち」で文献をあつめてみましょう。

こうしてあつめれば、簡単にその分野の中心課題に迫れる可能性が高まります。なかなか合理的な方法ですよね。

ただし注意点が一つ。こうした先行研究あつめは、先人の肩にのる方法です。ですが、もしかすると、その先人の見方に引っ張られすぎてしまうかもしれません。とてもいい方法だけれど、どこかでその先人に別れを告げて、自分の歩みを進めなくてはなりません。このことも覚えておいてください。

4・2・3 新聞記事などいろいろさがそう

論文のネタは、本や論文といったものばかりではありません。新聞などもあります。ここでは、みなさんが普段あまり見ない、新聞のネタや統計情報をさがす方法を紹介します。

(1) 新聞記事をさがしてみよう

新聞記事は、昔はよく新聞紙を切り取ってスクラップブックに貼りつけてあつめたものでした。しかしいまはもちろん、そういう人は少なくなっていると思います。では、どうやってあつめるのか。それには、二つの方法がいいかと思います。

一つは、全国の新聞各社、あるいは業界専門紙のＨＰにアクセスして、その地域や業界の専門的なニュースをあつめる方法です。しかし、日本で発行されている新聞すべてを網羅しているサイトはありません。

もう一つは、四大新聞といわれる全国紙がやっているデータベースであつめる方法です。同じ問題のニュースでも、全国紙と地元紙では取り扱い方がけっこう違う場合があります。そうした違いを考えてみるのもおもしろいですね。


【新聞社リストからさがす】

◇日本新聞協会

日本の主だった報道機関のＨＰを網羅しています。日刊新聞（一〇四社）、通信（四社）、放送（二二社）を地域別に検索できます。

◇日本専門新聞協会

ここには、八二社が登録されています。アイウエオ順に検索できます。

◇新宿区立図書館　業界紙・専門紙サイト

一部雑誌的なものも含まれますが、一二分野・三八五業界の新聞のリストを見ることができます。これがおもしろい。こんなものもあるんだという感じです。でも、リンクは張っていませんので、自分でその新聞社のＨＰにアクセスしてください。

【新聞データベースからさがす】

新聞は、ＨＰから一部無料、あるいは低額で記事を検索できるところが、多くあります。全国紙の場合は、図書館向けのデータベースもあります。代表的なのは、次の四つです。

新聞名	データベース名	テキスト	切抜画像	紙面画像
朝日新聞	聞蔵Ⅱビジュアル	一九八五年〜	二〇〇五年〜	創刊一八八九年七月〜一九九九年
読売新聞	ヨミダス歴史館	一九八六年〜	二〇〇八年〜	創刊一八七四年一一月〜一九八九年
毎日新聞	毎索	一九八七年〜	×	創刊一八七二年三月〜一九九九年
日本経済新聞	日経テレコン	一九八四年〜	一九八八年〜	×

(2) 統計情報をさがしてみよう

統計の情報は、たくさんあります。

普通に検索エンジンで「○○統計」などと入れても、けっこうでてきます。「ネコ統計」と試しに入れてみたら、一四五○万件ヒットしました。

こうしてすぐでてくるものもあるのですが、人口や世帯数などの国勢といわれる、基本的な統計については、**政府統計の総合窓口「e-Stat」**が重要です。

ここには、公的機関がお金と時間と人材を投入して日々蓄積している情報がたくさんあります。少し難しいところもありますが、統計について学べる「統計学習サイト」というところもあります。「統計関係リンク集」も、なかなかに見応えがあります。「地図で見る統計」を使えば、統計結果を地図上に色分けなどで書くこともできます。

e-Statの検索画面

《ネットからの検索方法のまとめ》

検索演算子検索	AND検索	A B	AとBの両方あるのを探す
	OR検索	A OR B	AかBのどちらかがあるのを探す
	NOT検索	A B −C	AとBの組み合わせからCをはぶく
	フレーズ検索	"＊＊＊"	＊＊＊のフレーズで探す
	あいまい検索	*A B* *C*	ある言葉に関連する語句をまとめて検索
ファイル指定検索		A .pdf .ac	Aという言葉のある大学レベルのPDFファイルを探す
期間限定検索		Yahoo! 検索結果下の [検索ツール]	時間・期日・期間で 絞り込んで探す
CiNiiで検索		論文・大学図書館・博士論文の中から探す	
新聞検索		新聞リスト	日刊新聞、専門新聞、 業界紙のHPから
		新聞 データベース	図書館の新聞データベースを利用する
統計検索		e-Stat	政府統計の総合窓口より

4・3　フィールドワークで情報をあつめる

4・3・1　フィールドワークの六つのステップ――論文作成の華

研究が進み、方向が定まってきたらぜひともフィールドワークを考えましょう。どなたかに直接取材するのは、手間も勇気も必要です。しかし、それでも出かけるべきなのです。というのも、論文にオリジナルな素材を提供し、論文に向かう気持ちを切り替え、テーマ設定を深め、かけがえのない思い出をもたらすという効果があるからです。論文作成をふりかえって「フィールドワークが一番おもしろかった」という中高生がたくさんいます。つまりフィールドワークは論文作成の「華」なのです。

取材先は自分で探してコンタクトをとります。どなたかにお膳立てをしてもらっては、自分の取材にならないからです。取材の段取りはおおまかに次のようなものです。

ステップ①：取材先はどこか・どなたか

取材先はさまざまです。研究対象の商品やサービスを提供している企業や業界団体、公官庁などの組織、大学の研究室、幼稚園や専門学校などの教育機関、医療・福祉施設、専門家（ダンサー・評論家など）、研究者や議員など個人も取材先となります。

取材・インタビュー
①
取材先はどこか・どなたか
組織：企業・団体
個人：研究者（本・論文の著者）、専門家、自営業の方など
②
連絡先はどこか
企業ホームページ・お客様窓口、大学の研究室のホームページ、出版社など
③
取材申し込みをどうするか
手紙を書く、メールを送る、電話をする
先生の紹介文（添え状）を同封、参考文献一覧を示す
④
どう取材するか
直接取材（インタビュー）、メール取材、電話取材
⑤
どう記録するか
写真撮影、録音、メモ
⑥
お礼をどうするか
帰ってお礼メール
論文送付

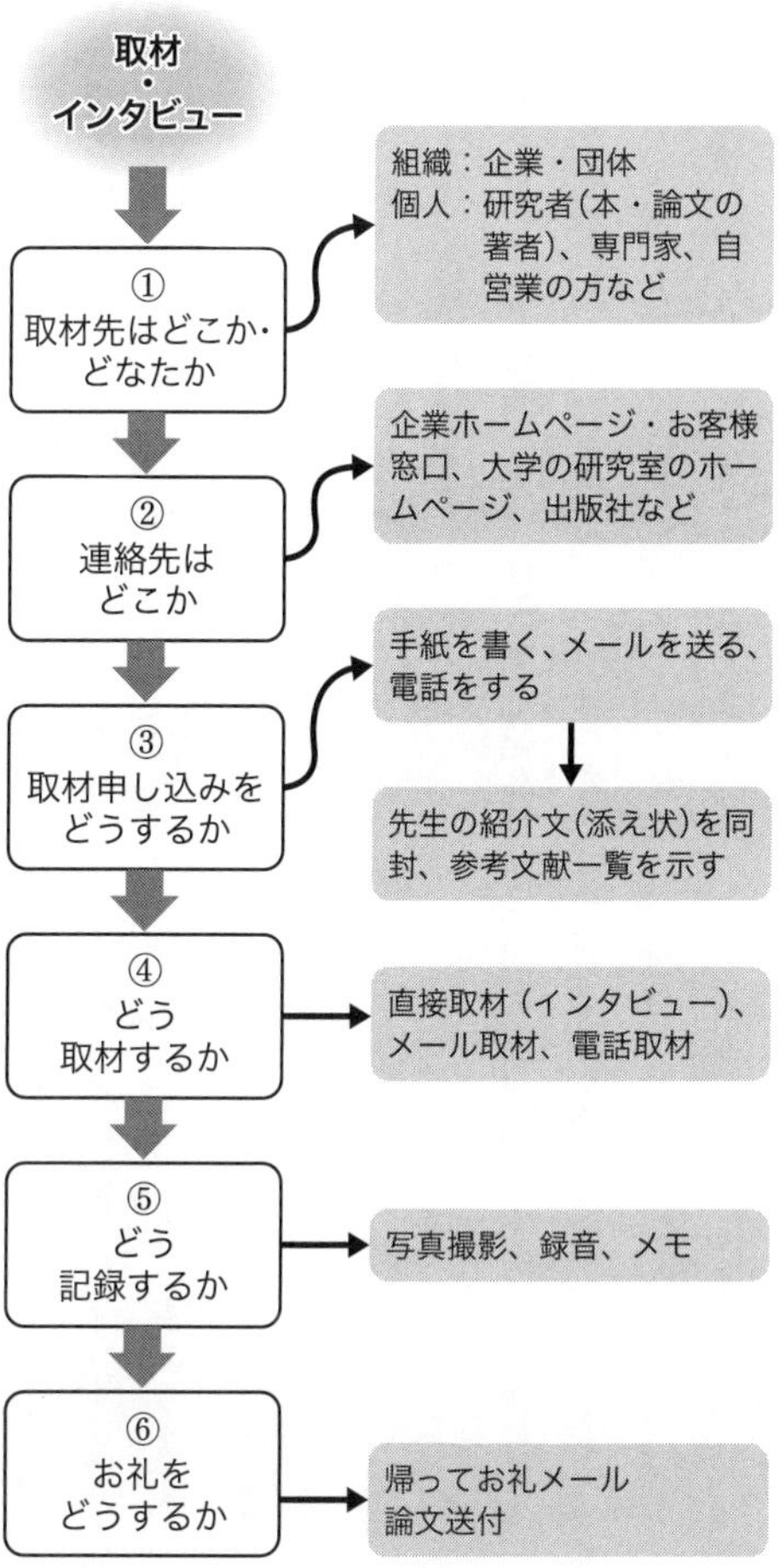

フィールドワークのステップ

比較的規模の大きな企業は取材を受け入れてもらえる場合が多いです。とはいえ、若者に人気の企業の中には断られることもあります。その場合は返事が早く来ます。研究者で著名な方は「マスコミ以外の取材には応じない」といった返事のこともあります。

なにはともあれ、「お会いしたい」という強い気持ちが必要です。取材先を決めたら事前の情報あつめです。読める資料は本でも論文でもウェブ資料でもすべて読んでください。

ステップ②：連絡先はどこか

インターネットを使うと、住所や連絡先はたいがい調べられます。企業はホームページに「お客様窓口」「消費者担当」「広報」など窓口がある場合が多いです。たとえ窓口がなくても、本社の住所に送ればだいじょうぶです。団体・官庁の場合も同様です。大学の研究者の場合は、研究室のサイトなどがよい手がかりになります。また、たとえば競技の審判や着物・インテリアコーディネーターなど専門家とお会いしたい場合、協会や業界団体に手紙を送り信頼できる方を紹介していただく、という方法もあります。

ステップ③：取材申し込みをどうするか

正式な申し込みには手紙がふさわしいです。何より誠意が伝わります。詳しくは次項の「調査依頼の手紙の書き方」を参照してください。また、やり取りのしやすさではメールがよいので、手紙に自分のメールアドレスを必ず書きます。一方、いきなりの電話は、相手の時間を奪うので避けます。もちろんアポ（面会の約束）なしの取材は相手に迷惑です。

ステップ④⑤：どう取材するか／どう記録するか

取材方法には直接取材（インタビュー）・メール取材・電話取材などがあります。直接取材が原則です。ただしお相手が遠方の場合は、メールでのやりとりや時間を決めた電話取材も可能です。

録音・写真撮影・メモのすべてできればいちばんいいです。撮影も録音もスマホでじゅうぶんです。もちろんどちらも、前もって必ず断ってから始めます。

また、できればお相手から名刺をもらってください。「お名刺をいただけますか」といいます。名刺にはその方の肩書や連絡先があります。記録をフルネームで書くのは当然の礼儀です。

ステップ⑥：お礼をどうするか

取材直後にお礼のメールをします。その後、可能であれば、完成論文に礼状を添えて贈呈します。きっと喜んでいただけます。取材のときに手土産が必要でしょうか。中高生の取材ですから、持参しなくてもあまり問題はありませんが、保護者の方と相談して持参してもかまいません。

フィールドでの事故防止のために

フィールドワーク先は、必ず先生と相談して決めます。事故防止のために以下の三点は守りましょう。

①保護者への「ホウレンソウ」です。ホウレンソウは、「報告・連絡・相談」の略です。取材場所や日程・取材内容は、保護者の方が把握していなければなりません。当日は帰宅時間も決め、携帯電話を持参し、いつでも連絡がとれるようにします。

②単独取材を避け複数で行動します。トラブル予防でもあり、インタビュー時に間が持つ、という利点もあります。保護者の方に送ってもらうのも選択肢としてください。

③個人の研究者・専門家への取材依頼は慎重におこないます。ホームページがあるからと

いって安易に取材するのは禁物です。連絡をとる前に必ず先生に相談しましょう。

なにしろフィールドワークは授業のように順調には進みません。そもそもせっかく手紙を書いて出したのに返事が来ない、という例も多いです。ある生徒は返事が来ないので、テーマを変え、別の申し込み先から取材許可をいただきました。ところが、前後して最初の申し込み先から取材許可が来る、という悩ましい状況に陥りました。結局、その生徒は両方に取材をして、そのどちらもがすばらしい経験になりました。

取材先に向かう途中、電車が遅延する、時間をまちがえる、バス停がわからない……。フィールドワークでは普通社会で起こることはなんでも起こります。じつは、そんなアクシデントの報告がおもしろかったりするのです。「怪我の功名」というわけです。

意義あるテーマとオリジナリティを生む

図書館やインターネットでの調査は大切です。しかし、文字やネットの世界から出ない、人や現場から学ばない研究というのも不自然です。資料とフィールドとの往復があってこその論文作成です。というのも、フィールドワークでの人との出会いを境に、「調べました・まとめました学習」から脱皮し、研究が本格化することが多いからです。意義のあるテーマ設定の契機となるのがフィールドワークです。

また、取材で得られた記録は「生（なま）」の情報、一次情報です。自分だけが知り得た記録ですから、それはオリジナリティの源です。つまり、フィールドワークは研究の価値を高める効果的な手段ですから、たとえ手間がかかっても挑戦する価値があるのです。

あなたと社会の接点をつくる

これまで多くの方々に、フィールドワークに協力していただきました。取材を受け入れてさえもらえれば、例外なく懇切な対応をしていただけるのです。

現場に働く方々のもとに、興味を持って教えを乞う生徒がある日現れます。すると「中学（高校）生から取材されたのははじめてでしたが、私たちの仕事に強い関心を寄せてもらえて、ありがたかった」という感想をもらうことも珍しくありません。

一方で、生徒たちはいろいろな段取りを経て、緊張してフィールドワークの当日を迎えます。そのプレッシャーは相当です。とはいえ、取材を終えてみると「すごくよかった。いい話をたくさん聞けた」と明るい表情を見せてくれます。フィールドワークはみなさんとリアルな社会との接点をもたらします。こうした出会いこそが長く記憶に残り、社会を知るよき経験となるのです。

あなたを世界に連れ出す

ふりかえって、「グローバル、グローバル」とマスメディアも教育の世界も大騒ぎです。たしかに世界中の情報を受け取るのは簡単になりました。しかし、「世界と関係する」のは簡単ではありません。ことに、中高生の「世界」は、家庭や学校の周囲と、しばしば匿名の心地よいネット世界に限られているように見えます。

一方で、フィールドワークは実名を名乗り、現場に立ち、教えを乞うのです。こうした素朴でローカルな人間関係の構築こそグローバルな世界へのほんとうの入り口です（とはいえ、その基本は江戸時代とさして変わりはありませんが）。

ちなみに、取材させていただいたお相手とあなたはもうまったくの他人ではありません。事実、取材後に追加で質問をお願いすることもあれば、別の研究者を紹介されたりもします。卒業後も研究者と交流をさせていただいている場合だってあります。フィールドワークは論文作成に血を通わせ、オリジナリティと豊かな人間関係を生み、世界にあなたを連れ出す秘訣なのです。

4・3・2　調査依頼の手紙の書き方

□行き届いた手紙を出す

取材依頼の手紙が、フィールドワークの扉を開きます。それだけに「ほんとうに興味を持っているのだな、そのためにたくさん学んできたのだな、熱意に応えてあげたいな」と思ってもらわなければなりません。そのためにもぜひとも、行き届いた手紙を書きましょう。

一二八ページに手紙の基本的な書き方を紹介します。「拝啓・敬具」といった頭語・結語、時候のあいさつといった「型」があります。型通りに書けば経験がなくとも、失礼のない手紙が書けます。安心して読んでもらえますし、伝えたい内容がまちがいなく伝わります。

手紙を読みながら、先方（相手の方）は、「本気度」を見ています。特に、「どんなテーマで学んでいるのか」「なぜ取材をしたいのか（動機・意義）」と、「具体的な質問と回答への自分なりの予測」「学んできた本の一覧」は大切です。

取材先を決めたら、余裕をもって申し込みをしましょう。希望する日程の一ヵ月前には手紙を出したいものです。というのも、先方の予定が早く決められますし、直前の取材申し込みは失礼だからです。また、返事がない場合の対応もできます。

手紙を出したからといって、返事がもらえるとはかぎりません。二週間経過して返事がない場合は「先日取材のお便りを差し上げました○○です。お忙しいなか失礼をいたしました。ご迷惑かとは思ったのですが、お便りがお手元に届いたかどうかを知りたいと思い、ご連絡差し上げる次第です」とメールします。手紙が会社や大学の中で滞っていて返信が遅れる場合もあるからです。それでも返信がなければあきらめましょう。

添え状を同封する

「添え状」は取材申し込みに添える先生からの手紙です。これはいわば「身分証明書」の働きを持っています。「こんな学校の、こんな授業で取材を申し込みますので、よろしくお願いします」というあいさつです。一二九ページに添え状の例を示します。先生の連絡先が書いてありますから、例えば生徒に取材の連絡が届かなかった場合などは、学校に連絡が入ります。自分の手紙のうえに添え状を載せ、重ねて折って封筒に入れます。封書の宛名などは普通の書き方でじゅうぶんです。とはいえSNSは活用しても切手を貼った経験がない人も多いでしょうから、年配の方によく聞いて投函（ポストに入れること）してください。

お名前と肩書は正確に。

簡単な自己紹介と取材のお願い。

どんな授業で、何に興味を持ち、どんなテーマで学んでいるのか、なぜ取材をしたいのかを書きます。

あらためて取材のお願い。

質問は箇条書きで。自分の予想や意見などを含めるとよいです。

訪問可能な日程をなるべく広めに示すのがマナーです。４日以上は欲しいです。「飛び石」でも構いません。

連絡先はメールアドレスが必須。投函したら必ず毎日受信を確認します。

「これまで私が学んできた本」の一覧は、信用を高め、熱意を示します。

〇〇大学　〇〇学部（株式会社〇〇）
〇〇〇〇先生（〇〇担当者様）

【一行空け】

拝啓　　朝顔が咲き、暑さが日ごとに増してまいりましたが、いかがお過ごしでしょうか。はじめまして。私は〇〇〇〇と申します。〇〇県の〇〇市にある〇〇学校の3年生です。取材のお願いをさせていただきたいと思いお便りをさしあげます。

私が通う〇〇学校の「総合的な探究の時間」に卒業研究という授業があります。自分の興味でテーマを設定し、1年間をかけて研究論文にまとめるという授業です。そこで、以前から興味を持っていた水族館と種の保存について私は学ぶことにしました。「水族館には種の保存のためにどのような役割があるのか」がテーマです。

なぜ私がこうしたテーマを考えたのかというと……（以下、研究企画書の動機・意義を組み合わせてなるべくたくさん書きます）。

今回、本ではわからないことも学びたいと思い、先生の研究室に取材に行かせていただこうと考えています。もしお話をうかがえるのであれば、次のことについて教えていただきたいと思っています。

【一行空け】

・飼育している生物と絶滅危惧種の関係を教えてください。
・近海で珍しい生物が得られたときや、他館との交換が考えられるのですが、新しく展示の生物が増えるのはどのようなときですか。
・絶滅危惧種の飼育は種の保存に貢献できると考えますが、〇〇を繁殖のうえ自然界にもどす計画はありますか。
・天然記念物の〇〇の水槽がとてもき……見入ってしまいますが、あのような展……のように考えたのですか。また、生き……あるのでしょうか。

全体でA4で２枚にするとよいです。「敬具」前の本文が２ページ目に入る以上の分量を書きます。

【一行空け】

〇月〇日～〇日の週で、友だちと二人でうかがえたらと考えています。もしよろしければ、ご都合の良い日時をお返事頂ければ幸いです。

お忙しいところ申し訳ありませんが、よろしくお願いいたします。

敬具

【一行空け】

〇〇年〇月〇日

〇〇県立〇〇学校 〇年〇組〇番

探究太郎

サインは手書きにします。

連絡先
（自宅の電話番号・自宅メールアドレス・自宅住所等…）
******@stu.******.ed.jp

備考　　ご参考までにこれまで私が学んできた本を紹介します。
日本動物園水族館協会監修『絶滅から救え！日本の動物園＆水族館』河出書房新社、内田詮三ほか『日本の水族館』東京大学出版会……

調査依頼の手紙の例

〇〇年〇月

各　位

〇〇県立〇〇学校
総合探究担当　〇〇〇〇

〇〇県立〇〇学校生徒による取材のお願い

拝啓　時下、ますますご健勝のこととお慶び申し上げます。
　〇〇市の〇〇学校の「総合的な探究の時間」の担当教諭〇〇〇〇と申します。本校では例年、〇年生が「卒業研究」に取り組んでおります。生徒各自がテーマを設定し、情報を集め、1年をかけて作品を完成させる授業です。
　さて、本人よりお便りさせていただきましたように、お忙しいところ唐突なお願いで誠に恐縮ではありますが、取材のご許可をいただければ幸いです。わずかな時間でもお話を伺うことができればとお願いする次第です。
　取材が難しい場合も当然あるかと存じます。それもまた生徒にとって貴重な学びの機会と考えますので、どうかお気遣いなされませんようお願い申し上げます。

敬具

備考：お返事いただく連絡先は生徒の手紙の通りですが、ご不明な所などありましたらお知らせください。なお、担当者が出張等のため電話での連絡がつきにくい場合がございます。その場合、下記メールアドレスまでご連絡いただければ幸いです。

〇〇県立〇〇学校（総合的な探究の時間担当　〇〇〇〇）
〒***-****　〇〇県〇〇市〇〇町**-**
Tel.　****-**-****　FAX　****-**-****
本校URL：http://www.****.ed.jp/
メールアドレス：****@****.ed.jp

　〇〇学校と総合的な探究の時間の授業について
　〇〇学校は〇〇県〇〇市にある学校です。本校では～という教育目標のもと、〇年前より論文作成の授業を展開しています。（学校や授業のアピールポイントや実績などを紹介）……を目標に授業を進めております。

添え状の例

4・4 アンケートのいろは

4・4・1 アンケート作成時の注意

アンケートはあまりお勧めしません。中高生のアンケートに意味を見出すことが、難しい場合が多いからです。集計したり表計算ソフトでグラフを作ったりして、手間がかかるわりに「アンケートした結果、なにもわからなかった」「普段考えていること、いわれていることがなんとなく確認できた」「自分のクラスではこうだった」では、寂しいです。ここでは「取っただけ」「苦労しただけ」「それで?」という結果にならないようなコツを紹介します。

①アンケートの目的と理由・意義を文章にしておく

「なぜそのアンケートを取るのか」「どんな意味があるのか」を文章にしてみましょう。自分の学校の生徒にアンケートして、どんな意味があるのか説明ができますか。

②アンケートの質問項目を徹底して考える

アンケートは、質問項目で勝負が決まってしまいます。印刷してから、用紙を回収してからでは遅いのです。まず、質問項目は番号で答えられるように、回答しやすいように選択肢を工夫します。番号での回答が集計も簡単ですし、なんでも記入させるのは相手に負担になるからです。次ページに簡単な例を示しましたので参照してください。

③ アンケートをテストする

アンケートの案ができたら、実際に何人かに回答をしてもらいます。回答に困るような質問がいくつも発見できるでしょう。相手の反応をもとに、新しい質問や選択肢をつくります。大切なのは質問される多様な相手の立場になってみることです。

④ プライバシーに気を使い回答者の詮索（せんさく）をしない

アンケートは無記名にするとともに、無神経に相手のプライバシーに踏み込むような質問をしてはいけません。もちろん、答えてもらった後で、「だれが書いたか?」を探ったりするのも禁止です。「回答結果・情報の取り扱いにはじゅうぶん注意をいたします」「厳重に管理し研究以外の目的で使用いたしません」といった但（ただ）し書きもしておきます。つまり個人情報の保護に、気を使う姿勢が大切なのです。アンケートの原稿ができたら、印刷前に先生に必ず確認していただきましょう。

○○に関するアンケート

○○学校○年○組　氏　名

この○○に関するアンケートは○○学校の総合探究の課題としてお願いするものです。……（以下、なぜアンケートするのか、その理由や動機を簡潔に説明します。ただし、回答者を誘導しないよう注意）。
※選択肢がある場合、あてはまる番号に○をつけてください。

あなた自身についてお答えください。
①あなたの性別を答えてください［1．男　2．女］
②あなたの学年を教えてください
［1．1年　2．2年　3．3年］

③あなたと○○についてお答えください。
（1．…　2．…　3．…　4．…
（5．…　6．…　7．その他［　　　］）
④○○について該当するものにすべて丸をつけてください。
（1．…　2．…　3．…　4．…　5．…　6．…）
⑤好きなブランドがあったら以下に書いてください。
［　　　　　　］

―――中略―――

○○について思っていることを以下になんでも書いてください。

※ご協力ありがとうございました。回答結果・情報の取り扱いにはじゅうぶん注意をいたします。

性別や年齢など属性・基本情報を回答してもらう。

番号つき選択肢。択一式がおすすめです。

選択肢に「その他」と記入欄を。

複数選択・記述式はまとめるのがたいへんなので少なめにしましょう。

自由記入欄を作って、意見や感想を求めます。考察に役立つ情報が集まります。

お礼の言葉

アンケートはA4 1枚におさめる。

アンケートの一般的なかたち

4・4・2　アンケートの実施と集計そしてデータ分析

(1) アンケートの実施と集計

① **一〇〇名以上からアンケートが取れるといいです**（きっちり一〇〇名ならそのままパーセントに置き換えられます）。

② **エクセルなど表計算ソフトをこの際、使えるようになりましょう。**まず回収したアンケート用紙に通しNo.を書いて、質問項目ごとに入力ができるよう準備をします。

③ **入力は二人でやると能率があがり、楽しくできます。**一方が数字を読み上げ、もう一方が入力をします。

④ **アンケートには「答えない自由」もあります。**回答があつまらない、無回答や否定的・ふざけた回答が出てくるなど、ありがちなことです。それはそれでしかたありません。

	A	B	C	D	E	F	G
1	No.	質問①	質問②	質問③	質問④（複数回答）		
2	1	1	2	3	2	3	
3	2	2	2	2	5		
4	3	1	3	4	1		
5	4						
6	5						
7	6						
8	7						
9	8						

アンケート用紙の通しNo

アンケートを表計算ソフトを使って集計する

(2) データ分析

① データはビジュアルにまとめる

集計ができたらグラフにまとめます。表計算ソフトでたくさんのグラフを簡単に描けるようになりました。示したいデータの性質ごとにグラフを選んでください。円・帯グラフ（割合）・棒グラフ（大小や増減）・折れ線グラフ（変化）などが代表的なものです。また平均値を示す場合も当然あるでしょう。

② アンケートから考察する

数字やグラフをただ並べるだけで、アンケートを終わりにしてはい

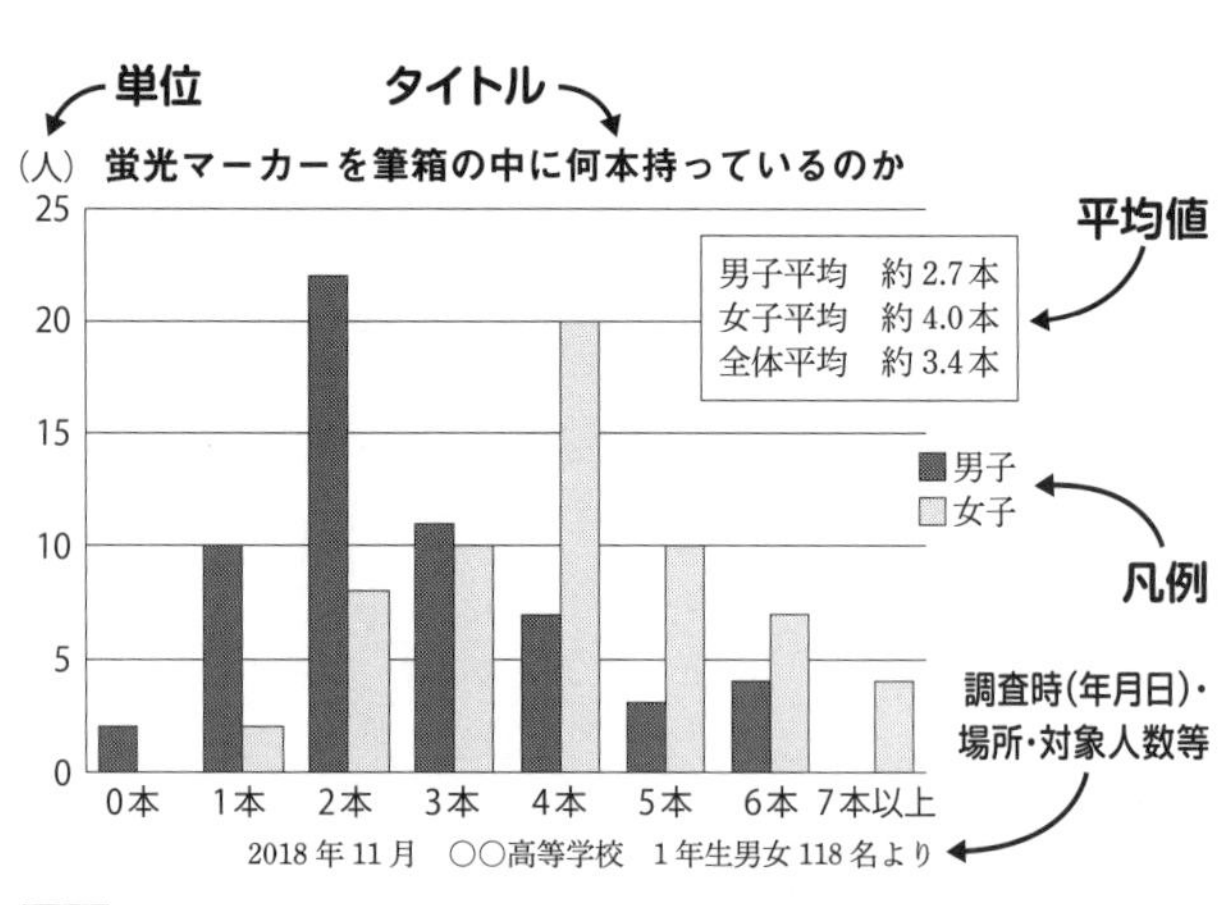

結果：そのグラフから明らかに読み取れること（だれがみてもわかること）。
考察：結果と資料などを踏まえて、そうした結果がなぜ出たのか原因や理由を考えます。可能性や予想が入ってもいいです。

アンケート結果のグラフ化

けません。「結果」と「考察」を文章にします。

(3) すでにある調査と比較して考察を

「アンケート」も「実験・観察・社会調査」も、本やインターネット上のすでにあるデータと比較をして調査項目を考えると意味のある考察が可能になります。

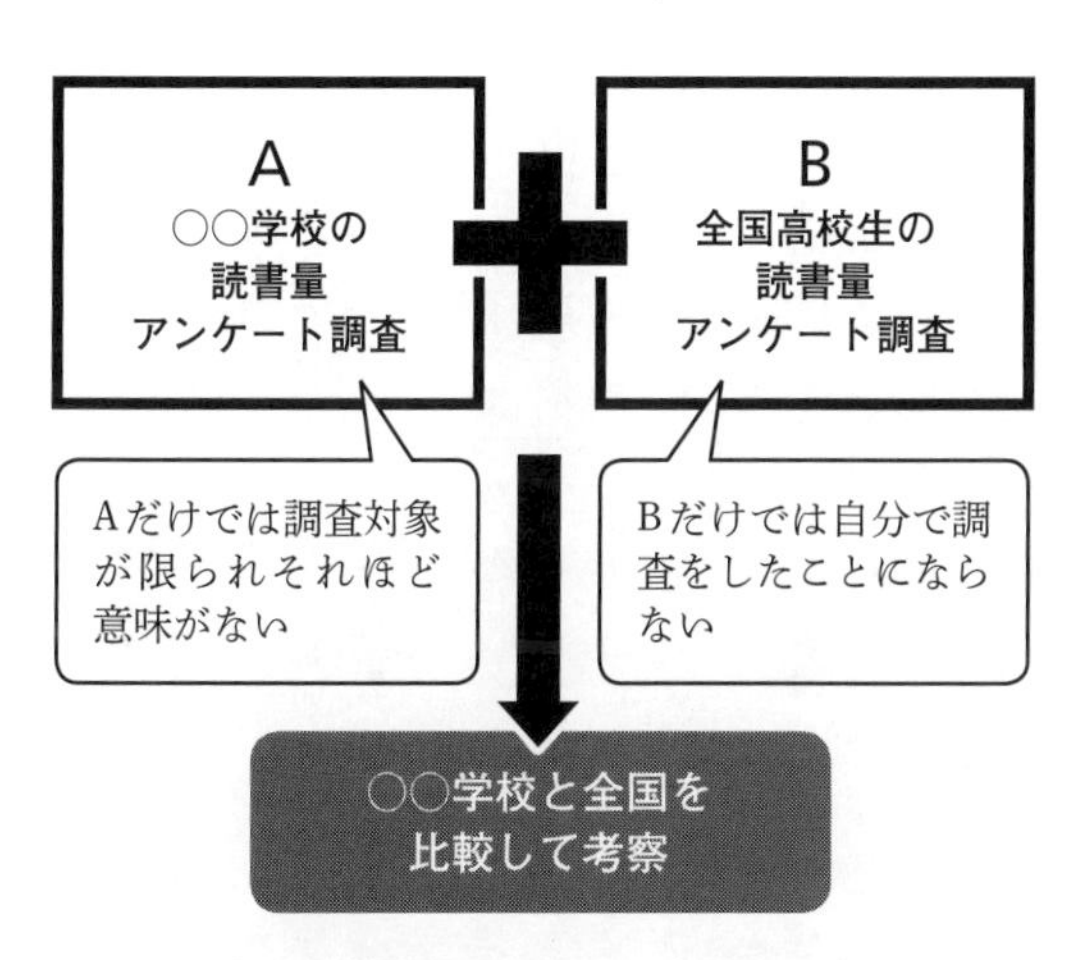

AとBの質問項目をなるべく同じにしたアンケートをつくるのがコツ

ここがポイント７　「身銭を切る」という学び方

自分で本を買いましょう。一般書（単行本）は高いです。しかし、新書や文庫本なら買えそうです。図書館で品定めして、これはという本はぜひ買ってしまいましょう。ネット上の古本売買も活用しましょう。古本なら一円も珍しくありません（送料は別）。

支払いはコンビニで払い込み、代引き（宅配で代金を払う）、クレジットカード払いなどがあります。この際なので、お年玉前払いとか、特別予算を組んでみてはどうでしょう。買ったら読むしかないので、モチベーションを相当上げられます。

一方で、売っていない（絶版の）本は、図書館で借りるしかありません。とはいえ、借りた本ではふせん紙を貼るのが精一杯なので、重要な部分は著作権が許す範囲でコピーします。大学生なら学術論文のコピーがどんどん増えて、段ボールいっぱいになったりします。コピーしたら、必ず書誌情報を記入します。この手間を惜しむと、なんの資料だったかわからなくなってしまうからです。余裕があれば奥付のコピーも確実な方法です。

みなさんは「学」校の生徒ですから、遊んだり着飾ったりする前に、自分の興味や知性に、優先してお金をかけてほしいです。こうした自分への投資（未来への肥料）という習慣は、後々効いてきます。いまの読書が、個性を生かし進路を決める「根」を育てます。

4・5　実験・観察で考えておきたいこと

4・5・1　実験・観察ってなに？

実験・観察というと、理科系のやることと思っていませんか？　もちろん、そうではないのです。隣のお友だちの顔をみてください。ね、おもしろい顔してるでしょう。なんて、それはどうかわかりませんが、ふだん、意識して友だちの顔をみるっていうことあまりないですよね。

このように、なにかを意識してみる。なにかを道具を使って、意識してみる。これが、実験・観察といわれる行為です。理科系の実験・観察は、計測器や記録・観察ノートという物理的道具を主に使います。人文・社会科学系でも、カードが多いですが、記録道具を使います。

化学のように、人間をビーカーに入れてバーナーで熱を加えるわけにはいきませんが、その代わりに駅の改札通過記録などのビッグデータから、コンピュータで解析するといった、実験的なことはやります。アンケート結果を分析するのは、人文・社会科学系の観察です。理科系と人文・社会科学系の研究は、見た目ほど違いません。

思考法も、その昔は、自然科学はたくさんの事例をあつめて結論する帰納法によって研究し、人文・社会科学は三段論法のように一般的な前提から論理的に結論を導きだす演繹（えんえき）法によって研究するといわれていました。ですが、近年ではそのようなことはいいません。最近は、どちらも、アメリカのC・S・パースという人がいいだした、**仮説形成**（アブダクション）という、ひらめき的発見の方法で研究するんだといわれるようになりました。

これはなにかといいますと、シャーロック・ホームズのやり方です。つまり探偵や刑事のやり方。最初に、わずかな証拠から、「ん？ なにか変だぞ。このあたりになにかあるんじゃないか？」とあたり（仮説）をつけて考えてみて、もしそうなら、こういうことになるんじゃないか（推論）、とさらに証拠をあつめます。で、思っていたとおりの証拠があつまると、「あ、やっぱりな！ お前が犯人だ」とやるわけです。自然科学も人文・社会科学も、こんな感じで研究しています。

でもこれって、けっこう危ないところもあります。ついつい、自分の仮説に合った、都合のいいデータ・現象ばかりをみてしまいがちです。こうして、研究のまちがいや不正が起こります（次章参照）。犯罪の推理だと、的外れな仮説で証拠をあつめて、強引に事実を組み立てて、誤った判断、つまり冤罪（えんざい）（無実の人の罪）をつくりあげてしまいます。

　さて、まえおきはこのくらいにして、じゃあそんなヤバイことにならないためにはどうするのかを、次からお話ししましょう。

4・5・2　実験・観察で危ないことにならないために

　いま、お話ししたように、実験・観察には、いつも危ないこと・ヤバイことがつきまといます。研究って危ないんです。危ないことが起こるのは、自分のテーマを追いかけていくと、ついつい視野が狭くなって、周りがみえなくなるからなんです。追究するには、絞らなくてはならないのに、絞ると危なくなる。難しいですよね。

■参考になる資料を複数調べる

　どんな実験や観察でも、一つの資料に頼らないようにしましょう。インターネットだけではなく、図書館で自由研究や実験・観察の本を調べます。調べるとすぐにわかりますが、同じテーマの実験でも、資料によって方法や条件が違いますから、いくつかの資料を比較します。さらに、そうした実験や観察の背景にある知識や理論も大切です。後の考察のためにも、読むべき本の範囲を広げておきましょう。

実験・観察結果を予想してはじめる

実験や観察をはじめるまえに、「何が原因でどんな結果がでるのか」をあらかじめ予想して言葉にしておきます。仮説を立てるともいいます。ただし、仮説を立てるといっても、なんでもかんでも勝手に立ててはいけません。

さっきのべたように、それなりの証拠・根拠がなくてはいけないのです。それと、それを確かめる方法が、とても難しく不可能、という仮説はダメです。「時空ポケットは、どこにでもある」なんていう仮説を立てても、確かめようがないですよね。夢にみるのはいいのですけど、それはドラえもんとのび太にまかせておきましょう。

ちなみに本の通りにおこなったのにうまく結果がでない、という場合も多いです（その方が多いくらいです）。それを単に失敗と片づけないで、なぜそのような結果が生じたのかを考えるのも大切です。うまく結果がでた！　という方がずっと危ないんですけどね。

□記録を取る——最重要

実験・観察用のノートやカードを用意しましょう。何をするにしても、日付・時間・場所を書きます。自然観察ならばその日の気温や天候・風なども記録する必要があるかもしれません。実験ならば、実験の条件（温度や器具・薬品名）を記録します。

こうした記録は別の機会にやり直しても同じ結果をだす（追試といいます）ために必要です。また、ある条件の効果を調べるため、他の条件はすべて同じにして、一つだけ条件を変えて結果を比較する（対照実験）ためにも必要です。

記録は、実験・観察だけでなく、どんな研究でも最重要です。第3章でのべた「ピース」も、ある意味記録です。人文・社会科学系では、エスノグラフィックという現場調査的な質的研究（民族誌学的研究）がおこなわれます。記録にもとづいて、正確に実験・観察結果を書いていく。それを、延々とくりかえす。地味ですけど、案外ハマります。

記録はメモで取ると同時にデジカメで撮影したり、スマホで録音したりしておくのもおすすめです。時間も記録されるのでとても便利です。写真などを含めて自分のSNSにアップしてこれを記録にする、という技もあります。

ちなみに、スマホにはさまざまな測定や記録に使えるアプリを入れられます。距離や傾きや速さの測定アプリ、高度を測定するアプリ、タイマーをセットし自動でシャッターを切る「定点観測」アプリなどがあります。

・

安全への配慮

化学実験は専門知識のある先生や大人に相談しましょう。特に薬品や器具の使い方は大人の指示を守ってください。

野外での調査・観察でも同様です。まずは服装に注意します。虫対策・寒さ対策・熱中症対策はだいじょうぶですか。野外で特に危険なのは海辺・水辺です。なるべく大人と行くようにします。また、ライフジャケット（救命胴衣）があると安心です。

実験や観察は高価な機材や薬品を使えばいいというものではありません。百円ショップを探せば結構な機材も手に入ります。中高生にお金はないけれど、柔らかい頭と体力がありますから、うまく工夫をしましょう。その工夫自体が研究になるかもしれないのですから。「金をださずに知恵と汗だせ」です。

5 論文作成のルール

さあ、いよいよ論文を書きはじめましょう。論文のピースをあつめ、さらにさまざまな論文資料をあつめてきたわけですが、ここからが本番です。

この章では、論文のルールをお話しします。論文はルールにしたがって書かなくてはなりません。世の中には、なんでもルールがあります。ルールがあるというと、なんか煩（わずら）わしく感じるかもしれません。でもルールがあるから、私たちは安全に暮らしていけます。

論文もルールにしたがって書くからこそ、他の人に読んでもらえます。自分勝手に書いても、だれも読んでくれないどころか、読めないことになります。それに、ルールにしたがっていないと、せっかく書いた論文が、不正を犯してしまうかもしれません。そうなるとたいへんです。ごめんなさいでは、すまないからです。

入試でも、論文を提出させられるようになりますので、その不正が見つかったら、もう合格どころではありません。他の点数がよくても、それだけでアウトです。いまは、そうした不正を見つけ出すソフトがありますので、ゆめゆめいい加減にしてはいけません。

ということで、この章のことは、少し煩雑ですが、実際に書きながら何度も読み直して、ぜひしっかりと参照してください。

5・1 論文の書式を整える――レイアウトを楽しもう

論文ですから……と、型にはまることはありません。論文は、たしかに主張と中身が大切です。でも、その主張と中身は、文章だけでは伝わりにくいものです。伝えるためには、図や写真やグラフや表も必要です。そこで、いくつかの例をあげてみます。これを参考にいろいろ楽しんでみてください。すべてA4です。次からの図の下のキャプションの上・下左右というのは、余白です。

レイアウト1

デューイにおける「経験」の問題

小笠原 [illegible]（日本大学）

1．はじめに

"Hand's On"展示は、日本では「参加型展示」とか「体験型展示」と訳されることが多い。そしてその発想の背景には、アメリカのDewey, J.の有名な言葉であるとされる"Learning by doing"があるというのも、まだよく流布された知見である。たとえば大阪の「キッズプラザ大阪」のガイドブックには次のように記されている。

In Learning by Doing（体験によって学ぶ）がキッズプラザ大阪の基本理念です。こどもたちが自由に遊び、体験し、ふれあい、自ら発見し、学ぶことができるようにとの目的で、この本でご紹介する多くの施設で構成されています。（大阪[illegible]発会社、1997, p. 12）

だがしかしここに少し興味深い事実がある。それは、この"Learning by doing"という言葉を当のDeweyはほとんど使っていないという事実である。彼の著作の中で、唯一といって良いほどにこの言葉を使っているのは、1915年の"Schools of Tomorrow"の中である。しかもその使い方も、決して重要なコンセプトとしては使っていない。とするならば、"Learning by doing"という考え方を背景にもつと言われている"Hand's On"の考え方は、Deweyの教育思想とは無縁のものなのだろうか。

本稿はしかし、"Hand's On"がDeweyと関係のない思想であるということを明らかにしたいというのではない。思想史的興味からすれば、そのあたりを明らかにすることも必要かもしれない。しかしここではそれを問うことはやめたい。私たちの当面の問題には、あまり寄与するとは思われないからである。ではこの小論では何を問おうとするのか。

この小論の目的は、"Learning by doing"をその理論的・思想的な背景にもつとされる、それゆえにDeweyの考え方を背景にもつとされがちである"Hand's On"の考え方が、ともすれば陥りがちなある誤りに注意を喚起することである。Deweyの考え方からすれば、手放しで"Learning by doing"を推奨するとは、少し考えにくい。何かを行為したからといって、それで「経験した」ということにはならないからである。何かの実際的な行為が「経験した」といえるものであるには、ある条件が必要である。逆にいえば、その条件を満たす行為であるならば、それは「経験」と呼ばれる資格を持つことになる。

この場合の「経験」とは、個人および社会において蓄積された知識をさす。それは実践的なもので、「いつもそうだから」という、これまでうまくいっていることを根拠とする知識

Wordの初期設定
一行40字×36行
上35・下左右30㎜

レイアウト2

デューイにおける「経験」の問題

小笠原 [illegible]（日本大学）

1．はじめに

"Hand's On"展示は、日本では「参加型展示」とか「体験型展示」と訳されることが多い。そしてその発想の背景には、アメリカのDewey, J.の有名な言葉であるとされる"Learning by doing"があるというのも、まだよく流布された知見である。たとえば大阪の「キッズプラザ大阪」のガイドブックには次のように記されている。

In Learning by Doing（体験によって学ぶ）がキッズプラザ大阪の基本理念です。こどもたちが自由に遊び、体験し、ふれあい、自ら発見し、学ぶことができるようにとの目的で、この本でご紹介する多くの施設で構成されています。（大阪[illegible]発会社、1997, p. 12）

だがしかしここに少し興味深い事実がある。それは、この"Learning by doing"という言葉を当のDeweyはほとんど使っていないという事実である。彼の著作の中で、唯一といって良いほどにこの言葉を使っているのは、1915年の"Schools of Tomorrow"の中である。しかもその使い方も、決して重要なコンセプトとしては使っていない。とするならば、"Learning by doing"という考え方を背景にもつと言われている"Hand's On"の考え方は、Deweyの教育思想とは無縁のものなのだろうか。

本稿はしかし、"Hand's On"がDeweyと関係のない思想であるということを明らかにしたいというのではない。思想史的興味からすれば、そのあたりを明らかにすることも必要かもしれない。しかしここではそれを問うことはやめたい。私たちの当面の問題には、あまり寄与するとは思われないからである。ではこの小論では何を問おうとするのか。

この小論の目的は、"Learning by doing"をその理論的・思想的な背景にもつとされる、それゆえにDeweyの考え方を背景にもつとされがちである"Hand's On"の考え方が、ともすれば陥りがちなある誤りに注意を喚起することである。Deweyの考え方からすれば、手放しで"Learning by doing"を推奨するとは、少し考えにくい。何かを行為したからとい

少し行間を拡げた例
一行40字×30行
上35・下左右30㎜

レイアウト5

デューイにおける「経験」の問題

小笠原喜康

1. はじめに

"Hand's On"展示は、日本では「参加型展示」とか「体験型展示」と訳されることが多い。そしてその最後の背景には、アメリカのDewey, J.の有名な言葉であるとされる"Learning by doing"があるというのも、またよく流布された知識である。たとえば大阪の「キッズプラザ大阪」のガイドブックには次のように記されている。

> In Learning by Doing（体験によって学ぶ）がキッズプラザ大阪の基本姿勢です。こどもたちが自由に遊び、体験し、ふれあい、自ら発見し、学ぶことができるようにとの目的で、この本でご紹介する多くの施設で構成されています。（大阪教育振興公社, 1997, p. 12）

だがしかしここに少し興味深い事実がある。それは、この"Learning by doing"という言葉を当のDeweyはほとんど使っていないという事実である。彼の著作の中で、唯一といって良いほどにこの言葉を使っているのは、1915年の"Schools of Tomorrow"の中である。しかもその使い方も、決して重要なコンセプトとしては使っていない。とするならば、"Learning by doing"という考え方を背景にもつと見られている"Hand's On"の考え方は、Deweyの教育思想とは無縁のものなのだろうか。

本稿はしかし、"Hand's On"がDeweyと関係のない思想であるということを明らかにしたいというのではない。思想史的興味からすれば、そのあたりを明らかにすることも必要かもしれない。しかしここではそれを問うことはやめたい。私たちの当面の課題には、あまり寄与するとは思われないからである。ではこの小論では何を問おうとするのか。

この小論の目的は、"Learning by doing"をその理論的・思想的な背景にもつとされる、それゆえにDeweyの考え方を背景にもつとされがちである"Hand's On"の考え方が、ともすれば陥りがちなある誤りに注意を喚起することである。Deweyの考え方からすれば、予想して"Learning by doing"を強調するとは、少し考えにくい。何かを行為したからといって、それで「経験した」ということにはならないからである。何かの実際的な行為が「経験した」といえるものであるには、ある条件が必要である。逆にいえば、その条件を満たす行為であるならば、それは「経験」と呼ばれる資格を持つことになる。

2. 「経験」とは何か

この場合の「経験」とは、個人および社会において蓄積された知識をさす。それは実践的なもので、「いつもそうだから」という、これまでうまくいっていることを規範とする知識である。日常的な行為から得られる知識は、おおむねこうした「経験的知識」である。[illegible]程度の知識はその典型とみなされる。

ギリシャの古代から今日まで続く日常的な意味での、「「経験」は、実際に役に立つ、どうしたらいいかというかなり頼りになる知識を与えてはくれる。しかしそれは、その出来事の原因や理由についてのどんな説明にも洞察を与えないし、それに基づくものでもない」（Dewey, 1938, p. 78）とみなされてきた。それゆえプラトン・アリストテレス以来、「経

見開き片寄せ一段組み例
40字×38行×一段
上40・下内側15・外側60㎜
表題はテキスト枠で配置、
広い余白に写真など

レイアウト3

デューイにおける「経験」の問題

小笠原喜康

二段組み例
20字×30行×二段
上35・下左右30㎜

レイアウト6

デューイにおける「経験」の問題

小笠原喜康

見開き片寄せ二段組み例
20字×38行×二段
上40・下内側15・外側60㎜

レイアウト4

デューイにおける「経験」の問題

小笠原喜康

三段組み例
13字×30行×三段
上30・下左右25㎜

このようにレイアウトには、いろいろありますが、写真や図や表は、本文内でもかまいません。というより、レイアウト1～4のように、大きな余白をとらない場合は、本文に入れるほかありません。むしろこちらの方が一般的かもしれません。

なおレイアウト5～8のように、大きな余

レイアウト7

デューイにおける「経験」の問題

小笠原 喜康（日本大学）

下部図入れレイアウト例
16字×29行×三段
上40・下80・左右20㎜
表題はテキスト枠で配置、
広い余白に写真など

レイアウト8

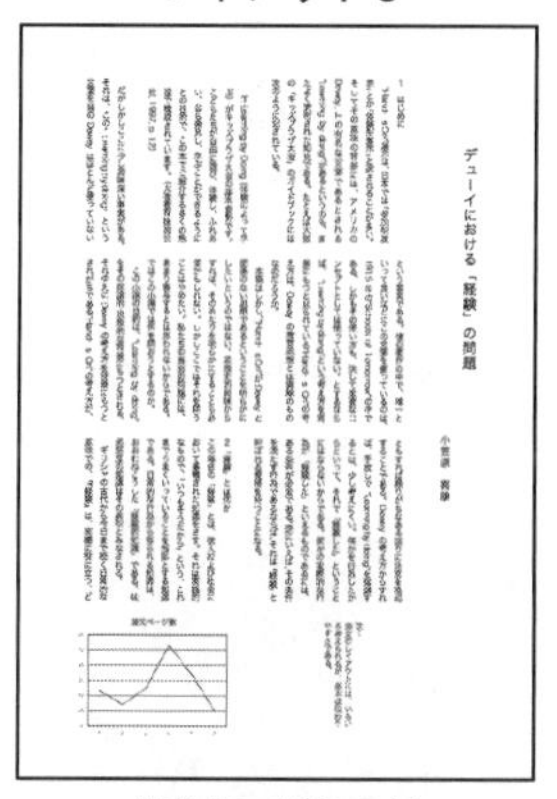
デューイにおける「経験」の問題

小笠原 喜康

縦書き三段組み例
20字×26行×三段
上20・下70・左右20㎜
下余白に注釈や図表配置

レイアウト9

デューイにおける「経験」の問題

小笠原 喜康（日本大学）

レイアウト7の変形例
図や写真を内部に組み込んだ例

白に絵図を入れられる場合でも、レイアウト9のように、本文内や本文からはみだした配置もOKです。レイアウトは、このようにさまざま考えられます。指導の先生とよく話し合って、テーマにふさわしいレイアウトを**自分で考えましょう。**

5・2 書き方の基本的なきまり

書き方には、多くのきまりがあります。ここのところは、しっかりと守りましょう。

□書　体

・書体（フォント）は、明朝体、**細ゴシック体**、細丸ゴシック体など、落ち着いた書体をえらびましょう。
・**ビビッドな書体**や、**変わった書体**は、デザイン的な使い方ならいいのですが、本文の書体としては避けるか、注意して使いましょう。
・一文書の中での書体は、多くても三つ以内といわれています。太字も一つの書体です。
・論文は、本文が一〇ポイントか、一〇・五ポイント。表題は、その二倍くらいのゴシック体。節題・項題の書体は、ゴシックまたは本文書体が一般的です。

文　体

・基本は、「である」体です。「ですます」体も可ですが、これが案外難しい。
・「である」体と「ですます」体が交じってはいけません。

段　落

・一ページ五〜六個の段落をとります。でもレイアウトによって違います。
・前節のレイアウト例1・2・5の場合は、一ページ五〜六個の段落ですが、レイアウト3・4・6〜9のように二段・三段組みの場合は、各段で三〜四個とります。
・基本は、意味のまとまりでとるのではなく、読みやすさでとります。多くても、少なくても読みにくいものです。結果として、段落が意味のまとまりをつくります。

英数字

・横書きの場合、すべて半角にします。年や欧文や人数などの数値も半角です。会議の資料などでは、全角の場合がありますが、それはあくまで見やすさのためです。
・横書きの場合は、算用数字。縦書きの場合は、漢数字が基本です。
・ただし、ひとつ・ふたつと読ませる場合は、横書きでも漢数字です。
・また、地名や氏名、慣用句など、表記がすでに決まっている場合は、横書き・縦書きにかかわらず、そのままに使います。四番町　八戸　アポロ13号　NHK

漢　字

・難しい漢字は、使わないようにします。
・漢語は和語に。例　格段に→ひときわ
・助詞・接続詞などは、なるべくひらがなにします。
　例　十歳位→十歳くらい　と言うのは→というのは　従って→したがって

人物表記

・先生・教授・様・氏といった敬称はつけません。どんなに偉い人でも呼び捨てです。
・最初に出すときは、フルネーム（名字と名前）で書いて、次からは名字だけにします。

・外国人の場合、その国の言葉で書く場合はいいのですが、カタカナで表記する場合は、パーレン括弧（　）で綴り字のアルファベットもそえます。
　例　ジョン・デューイ（John Dewey）

符　号

▽カギ括弧「　」『　』

・「　」は、短い引用文や論文名。『　』は、書名を表すとき。
・「　」がある文章を「　」で囲んで引用する場合は、引用文中の「　」を『　』に。

▽句点・読点・中黒点

・句　点＝意味区切りは、文の終わりにつけます。
・読　点＝音読区切りは、読むときの息継ぎをつくりますので、字数ではなく、音数で一〇音くらいから、長くても二〇音までには、一つ入れましょう。
・中黒点＝視覚的区切りは、つづけて書くと見わけがしにくい場合につけます。

▽ダーシ・リーダー

・ダーシ（ダッシュ）―と、長音記号ーを混同しないように。

・リーダー……を使って、文末に余韻をあたえてはいけません。

▽**疑問符・感嘆符**

・疑問符・感嘆符の後ろは、一文字空けてください。そうしないと、文の区切りがわかりにくいからです。

▽**強意（傍点・傍線・太字・斜字体）**

・注目してもらいたいところに使いますが、あまりたくさん使わないでください。

▽**繰り返し記号**

・字一つのくりかえしのときのみ、「々」だけ使えます。「〃」「ゞ」などは使えません。

・民主主義、学生生活のように、言葉としてわかれている場合はそのまま。

5・3　人の考え・コトバを引っ張ってくる――先人の論を借りて批判するルール

前にものべたように、論文は一人で書くものではありません。多くの先人と、いっしょに書くのです。私たちの一生は短く、あなたの人生もまだ始まったばかりです。でも、二〇〇年前の同じ年の若い人たちよりは、いまのあなたの方が、きっとちゃんとしたものを書けると思われます（……ホントかな？）。

それはさておき、今を生きている私たちは、前の人たちよりは少しだけ幸せです。なぜなら、先輩たちが悩んで書き残していってくれたからです。そのおかげで私たちは、ゼロから始めないですむわけです。先輩たちが悩んだことを受け継いで、自分の悩みとし、それを次の人に残していく。それが論文を書くということです。

ということで、この節では、その先輩たちの書いたものを、お借りするルールを紹介します。先輩たちが残してくれた、論文の一部をお借りするのですから、それに感謝して、きちんと「借りましたよー」ということをいわなくてはなりません。これは、しっかりと守ってくださいね。

借りた先輩の論は、必ずきちんと批判しなくてはなりません。論文すべては、なんらかの意味で、先輩の批判でなくてはなりません。先輩がいっていることを、ただなぞっただけというのは論文ではありません。批判は、欠点や過失を責め立てる批難ではありません。むしろ尊敬ですし、恩返しです。批判に値しないものは、引用する価値もありません。

「批判」は、字の通り、くらべて判断することです。しっかりと吟味して、賛同できるところ・できないところ、そうしたことを見きわめ理由をのべる、つまり論理的に評価することなのです。

これからの社会、若いみなさんは、ぜひあらゆることに批判的になっていただきたいと思います。相手を尊重して議論をつくすこと、それが聖徳太子の「十七条憲法」の頃からの「和」することです。ともかく表面的に仲良くする、自分の意見はひかえるというのは、相手をバカにし、自分をバカにすることになります。

論文は先輩の批判でなくてはなりませんので、きちんとルールにのっとって正確に記載し、かつそれを自分なりに解釈しなおさなくてはなりません。**引用しっぱなしは、いけません。**どんなに立派な人に対しても、敬っておしまいというのは失礼になります。

5・3・1　引用・参考・注釈のルール

さてお待たせしました。先輩の論文を読んで、このあたりの論がおもしろい、「なるほどな」とか、逆に「こりゃいかんやろ」となって、自分の原稿にのせるのを「引用」といいます。先輩の文章をそのままのせないけれど、勉強になったという場合は「参考」といいます。

引　用：だれかの文章を、そのとおり正確に自分の論文にのせること

参　考：だれかの文章そのものはのせないが、勉強し参照すること
注　釈：本文中に書くと、すこし邪魔くさいけど、書いておいたほうがいい説明など

□本文中の引用表記法

引用は、そのままのせるのですから、正確にそのままに一言一句変えてはいけません（ただし後でのべる場合以外）。でも引用のやり方は、短い場合と長い場合で、少し違います。

▽**短い引用**：自分の文章の途中に「　」で入れます。

ただし引用文が句点（。）で終わっていても、文末のカギの前に（。）を入れません。

▽**長い引用**：自分の文章と切り離し、横書きの場合なら、上下一行、左右二文字空けて、「　」をつけないで表記します。

ただし、左右二字空けるかどうかは、一行の長さしだいです。前の節の「レイアウト」例の1・2・5と3・4・6〜9をみてください。1・2・5は、一行が長いので、左右二字ずつ空いていますが、3・4・6〜9は一行が短いので、左一字だけ空けてあって、右は空いていません。

▽**省略記号の使い方**：引用は、あまり長文にはしないようにします。そこで、不要な部分

を省略するときには、こんなふうに書きます。
引用文の一部を省略するとき：〔前略〕〔中略〕〔後略〕
引用文にある改行を省略して、前の段落に後ろの段略をくっつけるとき：／（スラッシュ）

□引用・参考の文献表示と注釈の表記法

引用・参考のどちらも、論文の最後に【引用・参考文献一覧】をつけて、そこに書名や論文名を詳しく書くので、本文中では簡単に書きます。なお、表記法には従来型と近年型がありますが、ここでは近年型だけ紹介します。この方が楽なので。なおまた、Wordには脚注機能がありますが、あれは後で面倒になるので使わない方がいいと思います。

▽**引　用**：（長谷川, 2013, p. 21-22）＝（名字＋発行年＋引用ページ）
＊短い引用では「　」のすぐ後ろに、長い引用では引用文の末尾の句点（。）の後につけます。
＊Kindle版の場合のページ数は、ハイライト位置№を表記。
＊新聞記事は（新聞名、年月日）署名記事は（署名者、新聞名、年月日）

＊もし引用文が、下線、傍点、ゴシック体、斜字体などで強調していたら名字の前に、「下線原著」「傍点原著」などとつけます。（傍点原著, 長谷川, 2013, p. 21-22）

＊もし自分が下線や傍点などをつける場合は、「下線筆者」などとつけます。（傍点筆者, 長谷川, 213, p. 21-22）

＊縦書きの文章を横書きで引用する場合、年や数字を漢数字から算用数字に変更することは一部の歴史史料以外では認められます。

＊一部の歴史史料以外では、難しい漢字にルビをふったり、常用漢字にすることは認められます。ただし、「ルビ筆者」「一部常用漢字に筆者変換」といった但し書きをしなくてはなりません。

▽参　考：（長谷川, 2013）＝（名字＋発行年）

＊参考にした自分の文章の終わりの句点（。）の前につけます。

例　この問題について長谷川は、早くから気づいていた（長谷川, 2013）。

▽注　釈：本文中の句点（。）の前に、（注1）とか、章番号もつける場合は、（注1－1）などと大きくつけます。あるいは、小さな括弧数字[(注1)]でつけます。

《書き方と引用・参考のルールの具体例》横書きの場合

大きめポイントの表題
副題は小さめ
書体は識別性をたかめるために、すべてヒラギノ角ゴPro

モノ展示からコト展示への参加の論理
— 廣松渉の「モノ・コト論」から —

1．本論の基本テーゼ

博物館は、モノではなくコトを展示して、それがつくる協働体への参加を誘う機関である。これが本書の全体を貫く中心的コンセプトである。そこで本論では、このコンセプトを理解していただくために、博物館の展示物が来館者に直接語りかけるという基本的な考え方と、その展示物に触れて学ぶという概念を問い直したい。これはいうまでもなく、棚橋源太郎の『眼に訴へる教育機関』以来の博物館の基本テーゼである（棚橋, 1930）。いわば博物館の博物館たるゆえんの根本である。

とはいえ、博物館の展示物が、自ら直接なにかを来館者に語りかけ、その語りが来館者個人の脳髄に知識をためこんでいくというのは、アニミズム的な意味でのことではないのか？ それはあくまで象徴的な意味でのことである。廣松渉は、この問題について、次のようにのべる。

> しかし、それが果たして一連の述定を通じて、それ自身としては同一の或るもの、と言われうるであろうか？／われわれは日常、実体的に自己同一的な或るものを想定し〔中略〕そこでは、「関係」や“属性”は外的で偶有的なものとして処理され、もっぱら実体なるものが重視される。（傍点原著, 廣松, 1979, p. 36）

J・レイブとE・ウェンガー（Jean, Lave & Etienne, Wenger）は、1991年に*Situated learning: Legitimate peripheral participation.*邦訳『状況に埋め込まれた学習―正統的周辺参加』（注1）という本を出して、学習概念の大きな転回を提唱した。レイブ等のこの研究は、徒弟制の中での学習の観察から生みだされたものである。しかしこのレイブ等の研究は、徒弟制という特殊な場面での知識とその学習の話に限定されるものではない。徒弟制を研究対象としたのは、彼女らの考える新たな知識と学習の概念が見えやすいからである。では、それはどのような学習観か。

レイブ等は、「すなわちこの『内化』という見方は、内側と外側という明瞭な二分法の上に成り立っている」（下線筆者, Lave, 1991, p. 47）として、学習観の転換を唱えた。

参考表記
書名『　』
？の後のアキ
長い引用表記 上下1行 左右2文字アキ
引用改行省略
引用文省略
著者名綴り表記
強調表記
欧文書名は斜字体
注釈表記
短い引用
引用文中の「　」の『　』への変換

《書き方と引用・参考のルールのまとめ》横書きの場合

1. 書き方の基本

書　体：明朝体、細ゴシック体、細丸ゴシック体などの落ち着いた書体。
文　体：「である」体が基本。「ですます」体と混合しない。
段　落：1ページ、5〜6個。2段・3段組みでは、一つの段に3〜4個。
英数字：横書き＝すべて半角。縦書き＝漢数字。ただし、横書きでもひとつ・ふたつ＝一つ・二つ。
地名・氏名・慣用句＝そのまま。
漢　字：難しい言葉は使用不可。助詞・接続詞などは、なるべくひらがな。
人　物：敬称はつけない。最初は氏名、次から名字のみ。
外国人は綴り字併記。
符　号：「　」引用文、論文名。『　』書名、引用文中の「　」の変換。
句点等：句点＝意味区切り　読点＝音読区切り　中黒点＝視覚区切り。
ダーシ：―と一を混同しない。……は文末で使わない。
疑問符：疑問符・感嘆符の後ろは、1文字空ける。
強　意：傍点・傍線・太字・斜字体はあまりたくさん使わない。
反　復：々のみ反復記号として使える。民主主義のような場合は不可。

2. 引用・参考・注釈のルール

短い引用：本文中に「　」で2行以内。段組みでは3行以内。文末のカギの前に句点は入れない。
長い引用：「　」をつけずに、上下1行・左右2文字空け。段組みでは、左1字空け。
省略記号：引用文一部省略〔前略〕〔中略〕〔後略〕、改行省略。
文献表示：引用（名字，発行年，ページ）（長谷川，2013，p.21-22）引用文直後のカギの後、引用文の句点の後。
参考表示：参考（名字，発行年）（長谷川，2013）自分の文章の句点の前。
強調表示：原著（傍点原著，長谷川，2013，p.21-22）
引用者（傍点筆者，長谷川，2013，p.21-22）
注釈表示：本文中の句点の前に（注1）、（注1-1）のように、または小さな括弧数字をつける。

5・3・2　引用・参考にした資料一覧をつくる

引用や参考にした本や論文は、最後に一覧にします。どんな先行研究を参照しているか、ここを最初にみようとする人も多いと思います。それだけにここは、きちんと書かなくてはなりません。

いろいろ細かくいうと、きりがありません。海外では、これだけで分厚い本になるくらいです。もちろんここでは、そんなことはできません。そこで最初にいくつかの注意点をのべて、後は実例で示します。実際に論文を書くときに、また参照してください。基本は、あなたの論文を読んだ人が、**「その文献にちゃんとたどりつけるように書く」**です。

・引用も参考も一緒にして、日本語の文献だけのときは、アイウエオ順にならべます。欧文文献も交じる場合は、日本語の文献もふくめて、アルファベット順にならべます。
・文献が二行以上になるときには、二行目以下を少し下げます。
・一つの文献の書名などの項目記述の順序は、文献の種類によって少しずつ違います。

本：著者名（出版年）『書名』（シリーズ名など）出版社名
（注）Kindle本の場合は、出版社名の後に、「Kindle版」と表記
欧文の書名は斜字体
本の一部：著者名（出版年）「論文題名」編著者名『書名』出版社名 ○章：始めと終わりのページ数
論　文：著者名（出版年）「論文題名」『掲載雑誌名』巻数（号数）：論文の始めと終わりのページ数。（注）月刊誌の場合は、月も記載
翻訳書：著者名（出版年）『書名』翻訳者氏名（訳）（シリーズ名など）出版社名
編著書：三人までの編者名・編（出版年）『書名』（シリーズ名など）出版社名
新聞記事：「記事テーマ」『新聞名』（記事分類）配信年月日 朝夕刊 版地域・版数ページ：段数。（注）署名記事の場合は、最初に署名者を記載
ネット資料：印刷されたもののＰＤＦ版は、論文と同じ。
ＨＰの記事は、記載者名（記載年月日）「記事テーマ」ＵＲＬ（取得年月日）
・同じ著者の論文などが、同じ年に二つ以上あったときは、年の後にａ・ｂをつけて区別します。次のページに具体例をのせます。

《引用・参考文献一覧例》

〈引用・参考文献一覧〉

本	廣松渉（1979）『もの・こと・ことば』勁草書房
新書	廣松渉（1988）『哲学入門一歩前―モノからコトへ』（講談社現代新書 0916）講談社
欧文本 翻訳本付記	Lave, J. & Wenger, E. (1991). *Situated learning: Legitimate peripheral participation.* Cambridge: Cambridge University Press.（佐伯胖訳『状況に埋め込まれた学習：正統的周辺参加』産業図書 1993）
本の一部の論文	古田智久（2005）「外在主義的知識論から社会化された認識論へ」日本大学精神文化研究所（編）『近現代知識論の動向とその21世紀的展望』日本大学 p. 99-143
論文集の論文 論文名内の「」は『』に変換しない	小笠原喜康（2007.01）「モノ的展示の観察からコト的展示への参加へ―廣松渉の「モノ・コト論」とレイブ等の「状況化された学習論」を手がかりとして―」日本大学文理学部情報科学研究所『年次研究報告書』6：62-69
編著	上野千鶴子（編）（2001）『構築主義とは何か』勁草書房
翻訳本	メッツ、C.（1987）『映画記号学の諸問題』浅沼圭司（監訳）書肆風の薔薇（Metz, C. (1974). *Film language : A semiotics of the cinema*, New York : Oxford Univ. Press）
シリーズ	高橋信裕（2000）「展示設備（展示装置／展示備品など）」加藤有次・鷹野光行・西源二郎（他編）『博物館展示法』（新版博物館学講座 9）雄山閣出版 p. 74-100
論文集の論文	好並英司（1993）「記号作用にとって"対象"は必要か―C. S. パースの記号論の一側面」『岡山商大論叢』29(3): 45-64
Kindle本	大森荘蔵（2015）『物と心』（ちくま学芸文庫）Kindle版
ネット記事	金沢北年金事務所（2015.02）『社会保障のしくみ・少子高齢化と年金』https://www.nenkin.go.jp/service/sonota/kaigi/ishikawa.files/0000027411qyv8axIttA.pdf（2018年2月8日取得）
新聞	「企業献金 経済界は、やめる決断を」『朝日新聞』（社説）2009／07／24／金・朝刊 13版 3:1-3（朝刊(3): 聞蔵Ⅱ）

5・4　やってはいけないルール

もうすぐ本格化する新しい大学入試では、国立系を中心に、高校で書いた論文を出させるところが増えてきます。そうなると、やはり知っておかなくてはならないこと、それが**論文不正という問題**です。最近は、ますます厳しくなってきていますので、安易に大学に論文を出すとアウトです。もし不正を疑われたら、もうそれだけで不合格になります。

不正というと、なんかすごくよくないこと、だから自分には関係ない、と思うかもしれません。しかし注意しているつもりでも、案外ひっかかるものなのです。「お前はどうだ」といわれると、私も正直自信がありません。

一言で不正といっても、いろいろあります。研究は、「計画して進めていく段階」、その結果を「論文にする段階」、そしてそれを「発表する段階」の三つの段階に分けられますが、不正はその段階それぞれにあります。そこで、この三つと、不正を産みだす温床の「注意しなくてはならない研究態度」の四つに分けて一覧表にしてみました。

なお、後の説明は必要なものだけにしました。

《論文不正の問題》

研究推進上の不正	・実験・調査の不適切な収集と無視・破棄 ・他の人のアイディアを盗んだり、似たものを発表する ・他の人が集めたデータのUSBなどを盗んだり断りなく複写する ・じゅうぶんな説明をせず、相手の納得をえないままに、発表を目的として取材をおこなう
論文執筆上の不正	・引用に関する不正（ひょう窃、意図的不参照、自己盗用・引用、著作権侵害・転載） ・データ処理に関する不正（データの改ざん、ねつ造） ・図表・写真の処理に関する不正 ・オーサーシップの不正 ・倫理上の不正（偏見差別、ステレオタイプ）
論文発表上の不正	・二重投稿 ・サラミ出版（一つの成果をいくつもの論文に分けて発表すること）
注意すべき研究態度	・問いになっているのか（批判と主張があるのか） ・主張は主張になっているか ・論理がとんでいないか ・読んでもいない文献をたくさんあげていないか ・使っている用語の概念は明確か ・データ収集ノートをきちんと保存しているか ・権威のある人や外国人を不要にあげていないか

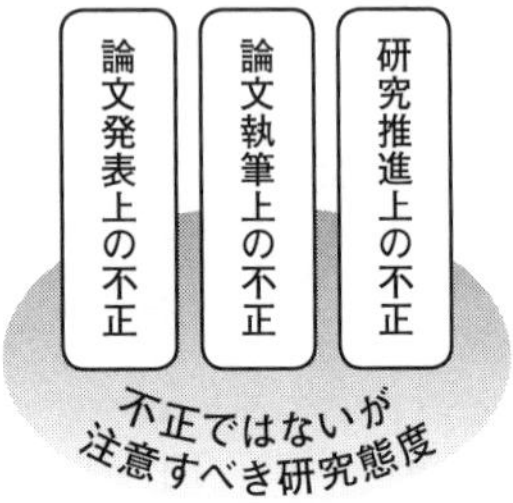

研究推進上の不正
論文執筆上の不正
論文発表上の不正
不正ではないが
注意すべき研究態度

研究推進上の不正

▽実験・調査の不適切な収集と無視・破棄

自分に都合のいいデータだけを集めて、不都合なものを無視したり、その資料を棄ててしまうというやり方です。気をつけないと、大きな落とし穴にはまります。

▽じゅうぶんな説明と納得をえないままに、発表を目的として取材をおこなう

インタビューでお話を聞いて、資料を集める場合、「なぜこの話を聞くのか」「この話を論文にのせていいか」「話してくれた人のお名前をだしていいか」といったことを、きちんとお話をうかがう方に確かめましょう。

また、資料を撮影したり録音する場合にも、許可をとります。許可を受けて、論文にのせた場合は、可能なかぎり、できあがる前に見ていただくことも必要です。もちろん書き上げたら、その方にお届けすることは当然です。

論文執筆上の不正

▽引用に関する不正（ひょう窃、意図的不参照、自己盗用・引用、著作権侵害・転載）

「ひょう窃」は、難しい言葉ですが、要するに、ちゃんとルールにのっとって引用しないで、

あたかも自分のコトバのように論文に書くという最悪の場合です。でもこれって、案外多いんですよ。

「意図的不参照」は、その分野の代表的な考え方で、当然参照して自分の結果と比較しなくてはならないのに、自分と違うからと無視することです。都合の悪いことはみないようにしよう、というのはダメですよね。

「自己盗用・引用」は、自分が書いた論文の一部を他で使う場合です。一度公表されたものは、もう他人の文章と同じですので、きちんとルールにのっとって引用しなくてはなりません。

「著作権侵害・転載」は、ほんとうに気をつけなくてはなりません。インターネットには、たくさんの文章だけでなく、写真や図表がのっています。これを気楽に使ってはいけません。バレないだろうなんて高をくくっていると、それこそ高い代償を払わされるはめになります。

▽**データ処理に関する不正**（データの改ざん、ねつ造）

▽**図表・写真の処理に関する不正**

これらはまとめてしまいましょう。これらの不正は、案外陥りやすいものです。データとか資料をほんとうはのせるべきなのに、意図的に入れないとか、その逆に、ないデータを自分の論に合わせて作ってはいけません。これはあたりまえ。

でも図表や写真となると、案外見落とされます。もうちょっと見やすくしようとか、このあたりはカットしようなんていうのも、注意しないと不正になることがあります。

▽**オーサーシップの不正**

これは、オーサーつまり著作者に関する不正です。

ゴースト・オーサーシップ：いっしょに研究したのに、名前をのせない。
ギフト・オーサーシップ：ほとんど何もしていないのに、友だちだからと加える。
ゲスト・オーサーシップ：手伝ってくれたのに、その人への謝辞をのべない。逆に自分の論文を権威づけるために謝辞をのべる。

▽**倫理上の不正**（**偏見差別、ステレオタイプ**）

偏見差別の言葉に注意しなくてはならないのは当然です。漢字の使い方も問題になることがあります。差別的な言葉が忍び込んでいないか注意してください。

ステレオタイプ発言は、「女性らしさ」といったジェンダー的なこととか、「日本人なら」といった一つのパターン化された物いいのことです。これもダメです。

□論文発表上の不正

▽二重投稿

これはもう読んで字のごとくです。少しだけ変えて数ヵ所に発表する場合です。もちろん、アウトです。同時に二つの論文コンクールに出すのもアウトです。

▽サラミ出版

この言葉は、スライスしたサラミソーセージからきています。一つですむ論文内容をいくつかに小分けすることです。一つで、二度おいしいというのはダメです。

□注意すべき研究態度

これらは、不正の温床というものです。こうしたことに気をつけていないと、いままで説明してきた不正に陥ります。というのも、数々の不正は、こうしたあたりまえのことに心が向いていないで、**自分をよく見せようとする方に心が向いているときに起こる**からです。この意味で、みなさんにも起こりうることです。どうぞ、こうしたあたりまえのことに、心をくだいてください。

6

わかる文章・わかってもらえる論文にするために

この章では、とても簡単な文章の書き方をお話しします。

これまでみなさんは、自由に書きなさい、思ったことを書きなさいといわれてきたと思います。でもそれって、書けないですよね。

論文の場合は、前の章でお話ししたルールの他に、基本的なパターンというものがあります。論文の構造のようなものが、ある程度きちんと決まっていて、それに従って書けば、それなりの格好がつきます。

また、文章を書くのは苦手だという人も多いですよね。私（小笠原）もそうでした。原稿用紙をみるのも嫌でした。だれでもそうなんです。あなただけではありません。でも安心してください。文章は上手でなくてもいいんです。わかればいいんです。読む人にわかりやすければいいのです。それに、読む人にわかりやすく書こうとすると、自分の頭もすっきりとしてくるから不思議です。

でもあたりまえといえばあたりまえです。なぜなら、人間は頭だけで考えているのではなくて、むしろ大部分を紙の上で、パソコンの画面上で考えているからです。だから人間は、複雑なことを考えられるようになったのです。

ということで、この章では、そうしたわかりやすい論文の書き方をお話しします。

6・1　わかる論文のかたち──結論にいたる探究・結論から入る論文

探究は、結論を導くために進められます。しかし**論文は、それを逆さにして結論から入ります。**ではどうしてそうなのか？　それには、論文というものの性格が関係しています。

まずは、探究から。

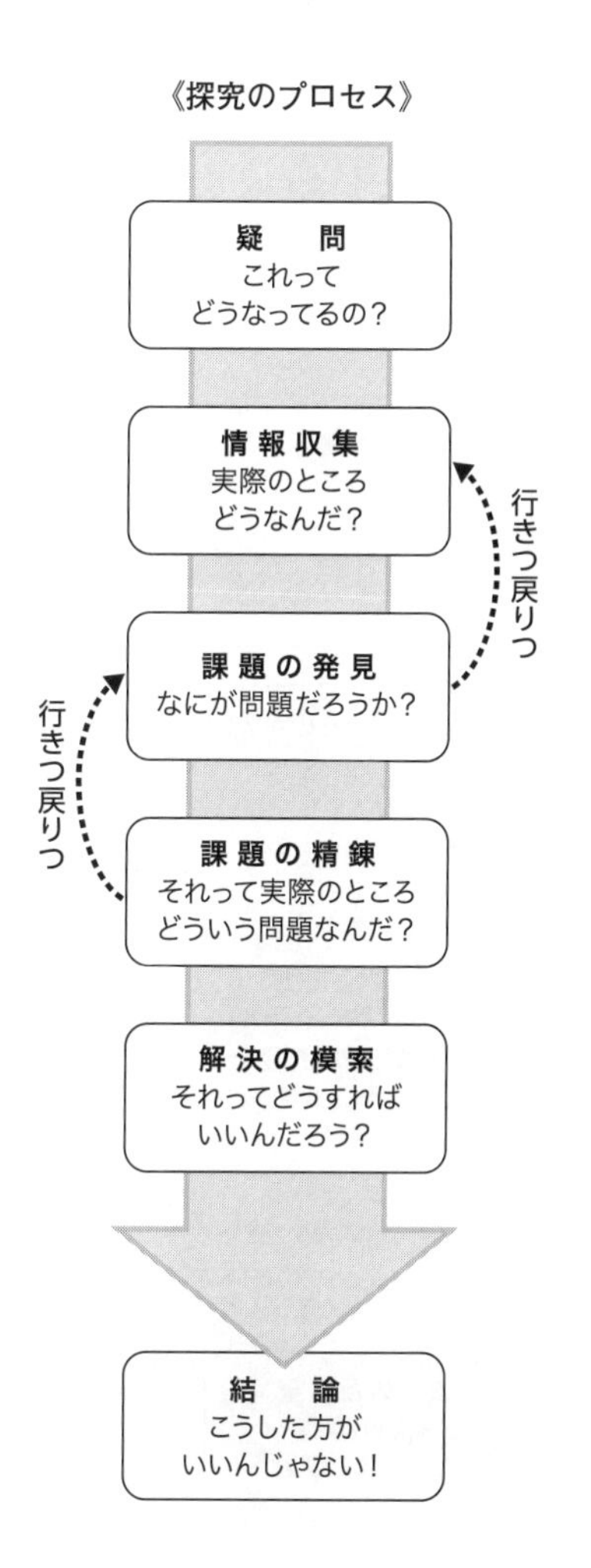
《探究のプロセス》
疑　問
これって
どうなってるの？
情報収集
実際のところ
どうなんだ？
課題の発見
なにが問題だろうか？
課題の精錬
それって実際のところ
どういう問題なんだ？
解決の模索
それってどうすれば
いいんだろう？
結　論
こうした方が
いいんじゃない！
行きつ戻りつ
行きつ戻りつ

次に論文。

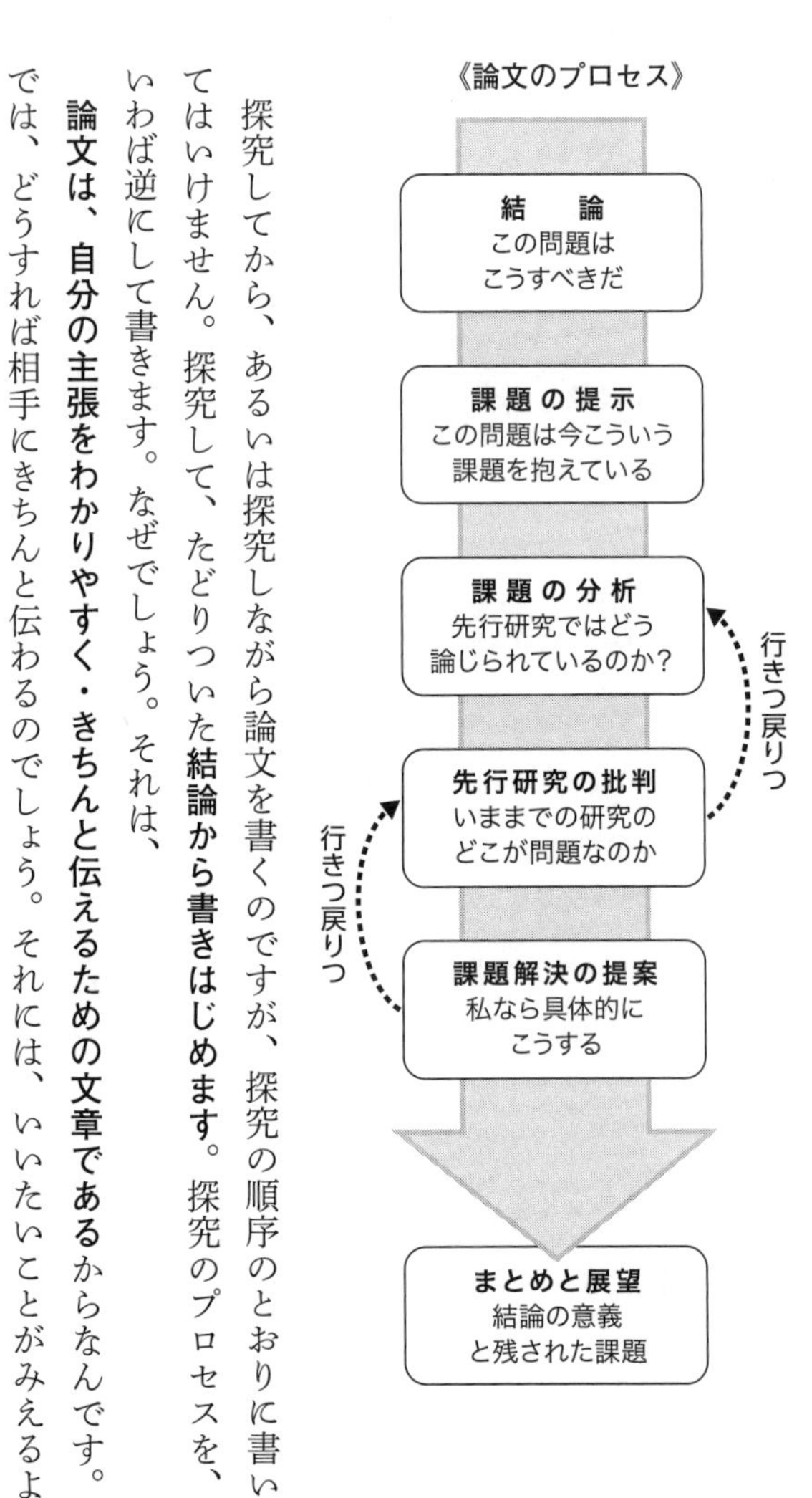
《論文のプロセス》
結　論
この問題は
こうすべきだ
課題の提示
この問題は今こういう
課題を抱えている
課題の分析
先行研究ではどう
論じられているのか?
行きつ戻りつ
先行研究の批判
いままでの研究の
どこが問題なのか
行きつ戻りつ
課題解決の提案
私なら具体的に
こうする
まとめと展望
結論の意義
と残された課題

探究してから、あるいは探究しながら論文を書くのですが、探究の順序のとおりに書いてはいけません。探究して、たどりついた**結論から書きはじめます**。探究のプロセスを、いわば逆にして書きます。なぜでしょう。それは、

論文は、自分の主張をわかりやすく・きちんと伝えるための文章であるからなんです。

では、どうすれば相手にきちんと伝わるのでしょう。それには、いいたいことがみえるよ

うに書くことが大切です。

そのためには、頭から、途中の要所要所で、そして最後も、**かたちを変えながら、何度もいいたいことをいえばいい**のです。そうすれば、嫌でもいいたいことがみえます。

これが逆に、結論が最後だと、まったくみえなくて、とってもやっかいなことになります。

□論文の最初で主張をのべると

▽読む人が、後の議論で、その主張が論証されているかどうかをみきわめやすい。
▽書く自分も、それに合わせて書こうとするので、論理が曲がりにくくなる。
▽先行研究の分析も、その主張の観点からおこなうので、やりやすい。
▽余計な一般論を避けてスパッと入るので、すっきりとしたわかりやすい論文になる。

□結論が最後だと

▽読む人は、どこに連れていかれるのか、いつまでもみえなくてイライラする。
▽書く人も、結論が遠いので、論理が曲がりやすくなる。
▽先行研究の分析も、自分の観点を明らかにしていないので、ひじょうに書きにくい。

▽結論にいたるまでが遠回しになるので、なんといってもわかりにくい。

文章は、「起承転結」で書くんだと教わってきたみなさんには、少しなじみにくいかもしれません。しかし書いてみれば、これはもうはっきりと違います。読んでみると、もっとです。

6・2 論文のフォーマット

論文の構造はどうするかですが、その前に論文のフォーマットを決めておきましょう。

ここでは学会論文風にしてみましょう。学会論文といっても、じつはいろいろあるのですが、ここでは科学系でよく使われている、主題・副題・サマリー（要約）・キーワード・本文（二段組み）・注釈・引用・参考文献一覧、というかたちで考えてみたいと思います。

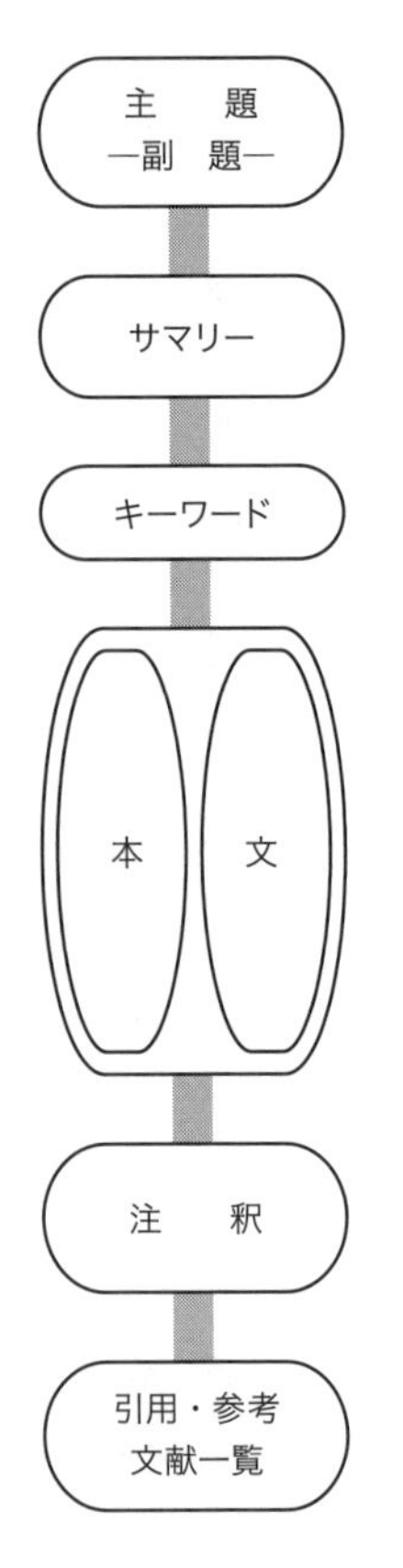

もう少しリアルにすると、最初のページは、こんな感じです。

コトバの理解論における四つのドグマ

― 宇佐美寛の「ことばによる伝達」論を批判の対象として ―

小笠原 喜康（日本大学）

要約：コトバを理解することについて、教育の世界には長く反省のないままに信じられてきた誤った信念、すなわちドグマがある。それは、「経験主義」「内在主義」「心理主義」「構成主義」の、一つづりに連なる四つのドグマである。本稿では、近年の言語哲学の議論を踏まえて、この四つのドグマを批判する（注1）。そしてこのことによって、コトバの理解を個人的信念の状態としてではなく、社会的状況・環境の中でのコトバと行為との関わりによって変化する関数概念ととらえるべきであると主張したい。

キーワード：言語理解、クワイン、経験主義、プラグマティズム、デイヴィッドソン

1. 四つのドグマ

コトバを理解することについて、教育の世界には長く反省のないままに信じられてきた誤った信念、すなわちドグマがある。それは、「経験主義」「内在主義」「心理主義」「構成主義」の、一つづりに連なる四つのドグマである。本稿では、近年の言語哲学の議論を踏まえて、この四つのドグマを批判する（注1）。

ここで「経験主義のドグマ」とは、個々のコトバの理解には、それぞれに感覚的経験との対応がなくてはならないとする信念である。次の「内在主義のドグマ」とは、その対応づけの規準が、学習者の内部にあるとする信念である。第3の「心理主義のドグマ」とは、理解とはそうした内的な規準による個人内的な私秘的行為であるとする信念である。そして最後の「構成主義のドグマ」とは、前三つのドグマからの帰結として、学習者が独自に、あるいは学習者同士の協同によって意味を構成することがコトバの理解であるとする信念である。

これら四つの一つづりに連なるドグマによって、コトバの理解とは、「より直接的な経験によって基礎付けられた学習者自身の内的な規準によって、コトバの意味を主体的に構成することである」とされることになる。

そこでここから、子どもたちには豊かな実際的な経験すなわち体験が必要である。コトバを教師から一方的に教え込んではならない。子どもたち自らの力で、あらかじめの経験によって形成された観念とコトバとを結びつける時に真の理解となる。教師の役目は、そうした主体的な理解を助けるための援助に限られる。教育の世界では、このような考え方が、とりたてて論じられないままに信じられてきた。

本稿では、これを批判する。社会的道具であるコトバのつかい方は、学校教育の場合でいえば教師によって示されなくてはならない。子どもたちの豊かな経験と協同による学び合いによって主体的な意味が構成されるなら、コトバを安定してつかうことはできなくなる。そして結果として学習が阻害され、教育の営みそのものも不要・不能になる。

前述したように筆者のいう四つのドグマは、一つづりに連なっている。それはいわば、理解の必須の4側面ともいうべき関係である。こうしたコトバによる知識の獲得問題を緻密に論じた研究者に、宇佐美寛がいる。宇佐美の「ことばによる『伝達』」論（宇佐美、1978）には、この四つのドグマにつながる理論がより明晰にでている。そこで以下、宇佐美の論を批判の対象として議論を進める。

2. 宇佐美寛における四つのドグマ

(1) 経験主義のドグマ

まず経験主義のドグマをみてみよう。宇佐美は、

ね、少しばかり学問的な感じになったでしょう。要約の字のポイントは、少し小さくしてあります。第5章でものべたように、レイアウトはいろいろです。海外の学術雑誌では、けっこういろいろなパターンがあります。

二段組みにしたのは、Ａ４で横書きですと四〇字くらいですので、横に長すぎて少し読みづらいからです。行の端まで読んでいって前に戻るときに、次の行をまちがいそうになることがありますので、二段組みにしてみました。

それでこのフォーマットの情報は、こうです。

書式：Ａ４縦置き　１行22字×38行×２段組み（間隔２・１７字）
主題部：１行42字×38行×１段組み　余白：上下・左右25㎜
書体：小塚ゴシックPro L　主題：12Ｐで太字　副題：10Ｐ
要約：９Ｐ・14Ｐ行間　本文：10Ｐ　（Ｐ＝ポイント）

６・３　わかってもらえる論文のかたち

さてここから、前節のフォーマットにそって考えていきましょう。前節のフォーマットで、一〇ページで論文を作成するとしてみましょう。

小学校以来、作文というと四〇〇字詰め原稿用紙だったかもしれませんので、単純計算ですと、Ａ４・一〇枚では、一万六七二〇字で、原稿用紙で四一・八枚、つまり四二枚という換算になります。なんかとても多くて、クラクラするかもしれませんね。でもだいじょうぶ。もろもろざっと割り振ってみましょう。

《論文割り振り》頭の数字がA4の枚数

1**表　　題**（主題・副題・氏名・要約・キーワード）
1**主張と展開**（主張とその説明、そして論展開の概略）
2**現 状 分 析**（いま現在なにが問題になっているのかをレビュー）
3**先行研究分析**（この問題についての先行研究を紹介・評価して中心課題を描く）
2**中心論点整理**（えられた中心課題を整理して、自分の主張につなげる）
1**ま　と　め**（これまでの議論のふりかえりと主張の意義、やり残した課題と謝辞）
1**注　　　釈**（本文の補足説明）
1**引用・参考文献**（著者名のアイウエオ順か、外国文献もある場合はアルファベット順）

内容から割り振りを考えるのではなくて、逆に**割り振りから内容を考えるのがポイント**です。なぜなら目安ができると書きやすいからです。内容から割り振りを決めようとしても、書いてみなくてはわかりませんので、結局めあてのないままに書きはじめることになって、とっても苦しくなります。

では、この論文の割り振りにそって、それぞれをもう少し詳しく説明してみましょう。

□表　題

表題部分は、主題・副題・氏名(所属)・要約・キーワード、で構成されます。本文とちがって横一段です。この部分だけで、十数行とるのが普通です。要約やキーワードは、最後に書くので、その分を空けておきます。

一番難しいのが、主題・副題です。**主題・副題では、あなたがいいたいことの半分以上が表現されているのがよい**ので、なかなかに難しいのです。

主題と副題を逆にするといいことがよくあります。というのも、主題を大きな感じでつけて、副題でより具体的なものにしがちだからです。もちろん、主題は具体的によくわかる、パッとみていいたいことがわかるものの方が好ましいので、後から見直すと、主・副を逆にする方がいい場合がよくあることになります。

ちなみに、**絶対つけてはならない主題のパターン**は、これです。

〜の問題について　〜についての研究　〜についての一考察

論文は、考察したこと、研究したこと、問題にすべきことを書くのですから、それをあらためて主題に書く必要はありません。そしてなによりこれは、こういうことを研究しますといっているにすぎません。それをどうしたいのか、まるでみえません。こういう題名をつけたくなったら、まだほとんど研究が進んでいないと思ってかまいません。

主張と展開

論文本文の最初は、主張とその説明、そしてそれを論証するための論展開の概略をのべます。**読む価値のある論文かどうかは、表題と最初の五行でわかる**といいます。こわいですねえ。でも、これって真実です。頭でスパッと結論をのべずに、なにがいいたいのかわからない書き方をしてはいけません。とりわけ、やってはいけないのは次のことです。

▽序論だからと、世情の話や、その分野のこれまでの一般論の話を書く。
▽その分野の権威の名前をだして、自分はちゃんとわかっているふりをする。
▽自分の見方をのべずに、「〜の問題を検討してみよう」と研究姿勢だけをのべる。

▽よく調べたので紹介するといったような、「調べました学習」の姿勢をのべる。

「結論は一行」といわれるくらいです。出だしの結論が、一行二二字で、三行以上になったら、もうそれは結論のない、「勉強しました論文」になってしまいます。

こんな感じで出だしを書きます。結論は、ゴシック体のところです（実際にはゴシック体にしません）。

がんの多くは治り、生存率も上がっていることを、みなさんに知ってもらいたいと思います。がんは決して治らない病気でも、すぐに死ぬ病気でもありません。筆者は、母のがんのことを調べて、今では多くの人が助かっていることを知りました。ですから、みなさんにもそのことを知ってもらって、家族ががんになっても希望をもって治療を頑張ってもらいたいと思います。

ね、頭でいいたいことをストレートにいえば、かなり力強く感じるでしょう。主張といっても、なにも大声でいわなくてもいいのです。ということで、「ここがポイント」。

ここがポイント８　主張といってもいろいろ

しかし、「主張といわれてもなぁ……？」と思っているのではないでしょうか。そうですよね。主張しろといわれても、理科系の観察的な論文や、歴史系の調べる論文じゃあ、そうもいかないしなあ、ですよね。主張といっても、なにも「こうすべきだ」というのでなくてもいいのです。主張にも、次のようにいろいろあります。

・これって、あまり知られてないかも。　・私は、それってこんな風に思えるんだけど。
・私は、こんなことをしたいんだけど。　・これって、なんか変じゃないですか。

みんながあたりまえと思っていることって、ひっくり返して、ほんとうにそうなんだろうかと疑問を投げかけてみると、案外違ったものがでてきます。自分に問いをだしてみましょう。あたりまえの常識というものほど、怪しいものはありません。常識というものは、人に聞いてみると、だれもよく考えていないことばかりです。ですから聞いてみましょう、なにより自分に。

それって、あたりまえですか？　それって、あなたに答えられますか？

なにも立派なことをいわなくてもいいのです。小さなこと、どうでもいいようなことにこそ、おもしろいことが隠れています。あなたらしいものを探してみましょう。きっとある。

□現状分析

まずは、なぜこの問題を探究しなくてはならないのかをはっきりさせるために、現状はどうなっているのかをのべなくてはなりません。テーマに関することは、いったい今どうなっているんだろう。なにが問題で、どういうことがいまのべられ、考えられているんだろうか。あるいは、何がわかっていて、何がわかっていないのか。と、次の先行研究分析につなげる論を簡単に紹介しながら、テーマに関する現状を紹介・分析します。

□先行研究分析

先行研究を検討しない論文は、どんなに新しいこと、どんなにいいことをいっていても、だれにも読んでもらえません。前の人が、その問題について、どういうことをいっていたのか、それを参照して批判するのは、先人の知恵をいただくことです。

論文は、先人の苦労を受け継ぎ、ほんの少し前に進ませる作業なのです。ということで、先人の知恵をいただくのですから、次のことに注意しましょう。

▽先行研究をよく読んで、その文章ではなく、考えをしっかりと盗んでください。

▽引用したら、そのままにしないで、必ず自分のコトバでいい直しましょう。
▽その考えに賛成であろうと、反対であろうと、その理由をきちんといいましょう。
▽その人と他の人との違いを整理して、それを自分が評価しましょう。
▽引用は長すぎず短すぎず。たくさんの著者から引用しないようにしましょう。自分の考えがなくなります。

□中心論点整理

先人の考えを分析していく中から、重要な論点を整理します。その論点にそって、さらに別の人の研究や資料を集めます。そしてその論点から、あらためて分析を加えます。

こうすると、自ずと自分の考えが少しずつでてきます。といっても実際は、なかなかでてきません。そんなときは、**友だちと先生の頭を借りよう。**

つまり友だちや先生に、自分の論文のことを話してみましょう。そうすると、あ〜ら不思議、いいアイディアがでてきます。不思議です。さっきまで、なんかゴチャゴチャしていて、なんか霞（かすみ）がかかっていたのに、急にパッとひらめきます。

そのとき、すぐにそのあたりの紙にでも、一言二言でいいので書いておきます。すぐです。三秒でまた霧の中ですから。スマホを出す間もありませんので。

まとめ

まとめでは、これまでの議論をあらためてふりかえります。それも少していねいに、論展開の順番を追って。そのうえで、自分の主張の意味と意義をのべて、やり残した今後の課題や疑問などを書きます。もし論文作成過程でインタビューに応じてくれた方や、いろいろお世話になった方がいたら、ここの最後に【謝辞】をのべておしまいにします。

注　釈

注釈は、どうしても必要な、あるいは読む人の理解を助けるための補足説明を書きます。それも、本文の中に書くと、論の展開にすこしじゃまな感じがするものに限ってください。第5章でのべたかたちで本文の中に注釈番号を書いて、その順序にそって説明します。

なお、注釈番号のすぐ近くのページ下に「脚注」というかたちでつけることもありますが、その場合は、あまり長くならないように注意してください。

□引用・参考文献一覧

これはもう、特にいうことはありません。第5章の形式でていねいに書いてください。文献リストは、引用・参考したそのつど書いておくのもお勧めです。後から書こうとすると、時間がなくて、のせるべきものを落としてしまいがちですから。

6・4 わかる文章の三段階

6・4・1 わかるってどういうこと？

いきなりですが、なにかの文章を読んで「わかる」って、どういうことなのでしょう。これってけっこう哲学的な問題です。なぜなら、この私の文章、これってただのインクのシミです。ですよね。なのになぜ、この文章を読んで、なにかがわかるのでしょうか。

実際のところは、言葉に意味がくっついているのではなくて、みなさんの頭の中で創りだされるのですよね。だから、そのコトバを知っている人にはわかるけど、知らない人にはわからないというわけです。つまり、コトバ記号それ自体には意味などなく、それを読んで解釈するみなさんの中に意味が創られるわけです。

ただそうなりますと、困ったことがでてきます。それは、同じ文章を読んでも、一人ひとり解釈に違いがでてきてしまう、というやっかいな問題です。もちろん、その文章を書いた、あなたが思っている意味とも違うことになります。

これって、とってもやっかいですよね。じゃあ、どこまでいっても、ちゃんと伝わらないじゃないか?! そうなんです、じつはどんなに文章を書くのがうまい人でも、**完全に正しく自分の思いを伝えることはできない**のです。

これって、とてもやっかいで困った問題です。しかしだからこそ、このことを逆手にとると、ここにわかるように文章を書くコツがある、ということになります。

6・4・2 完全にはわからないを逆手にとる

読む人によって、意味のとり方はそれぞれです。それが、行き違いや誤解を生んでしまい、しばしば争いにまで発展してしまうことがあります。人間って、言葉で生きている動物なんですよね。

さて、では、この言葉をめぐる、哲学的な問題から学べることを逆手にとる方法とはなんでしょうか。それは、意味のとり方の違いはどこから生まれるのか、にヒントがあります。意味のとり方の違い、というより意味の違いを生みだすのには、三つのレベルがあります。それは、「印象レベル」と「行為レベル」と「文脈レベル」の三つです。

【意味の違いを生みだす三つのレベル】

印象レベル：言葉は、インクのシミとして、読みの感じとして、意味以前の雰囲気を伝えます。ならば、そこに注意すれば、よりわかりやすくなります。

行為レベル：なにごとも実際にやってみなくてはわかりません。しかし文章では、実際の行為はできません。ならば、みんなの経験に結びつく事例をだせばいい。

文脈レベル：言葉の意味は、状況や文脈によって変わります。状況次第では、「好きです」も「さようなら」の意味になります。ならば、説明ではその状況性を大切にすれば、よりわかりやすくなるというものです。

印象レベルから、次のことがいえます。

▽漢字が多いと、難しい感じ、重い感じ、めんどうな感じをあたえます。
　⬇なるべく少なくしましょう。接続詞はなるべくひらがなに。

▽一文が長いと、やはりめんどうで重苦しい雰囲気をあたえます。
　⬇一文を短くしましょう。スッキリとしてわかりやすくなります。

▽段落が少なくても、やはり重い感じ、めんどうな感じをあたえます。
　⬇少し多くしましょう。可能なところでは箇条書きもいいですよ。

▽読点（、）が少ないと、息苦しくなって、読みづらくなります。
　⬇読点を少し多くしましょう。多すぎると、過呼吸になりますけど。

▽文末が、文章の雰囲気をきめます。重苦しさ、あいまいさをつくらないように。
　⬇なのである・かもしれない・という、といった文末はさけましょう。

行為レベルから、次のことがいえます。

▽言葉は実際経験ではありません。
　⬇だれでも知っている経験を呼び覚ます具体例を入れましょう。

▽目に見えることだと、実際にやってみなくてもある程度わかります。

⬇結果を目に見えやすいかたちで示しましょう。グラフや絵図などで。

文脈レベルから、次のことがいえます。

▽言葉の意味は、文脈に依存します。

⬇前後のつながりに注意しましょう。文、項、節、章それぞれのつながりに。

見てすぐわかるように、最初の**印象レベル**のことが、一番多いですよね。つまり私たちは、それぞれの言葉の意味以上に、案外この印象レベルに縛られているのです。

ここがポイント9　文は見えるように、絵は読めるように

文章は読むものです。ですから、ずっと文字をたどらなくてはなりません。パッとはわかりません。逆に、写真や図表は見るものです。文章みたいにたどらなくても、パッとわかります。でも写真や図表だけでは、それがどんな意味なのか、よくわかりません。そこで、それぞれの弱点を補うために、文は見えるようにしましょう＝つまり、パッと見て、わかりやすいように工夫をします。

改行をとるのも、じつはそのための工夫だったのです。

- ・文を線や矢印で結んで図のように　・箇条書きを効果的に
- ・長い引用文は本文から離してブロックに

絵は読めるようにしましょう＝写真や図表は、意味がわかるように読める工夫をします。

- ・図表に説明のキャプションや、引出し線つきの説明
- ・図と図を線や↓で結んで、経過や関連が読めるように

6・4・3　ホップ・ステップ・ジャンプの文章術

小学校で先生から、「思ったまま、感じたままに書きましょう」なんていわれたことがあるかと思います。でも、そんなこといわれたって、書けないですよね。だって、ふだん特になにかを思って生きているわけじゃないのですから。ということで、思うための手順を第2章で書いたのです。第2章は、この「思う」ための手順と事例です。

この項では、その思って書いたものをどう直していくのか、それを陸上競技の三段跳びから、**ホップ・ステップ・ジャンプの文章術**ということでお話しします。

ホップ：最初の跳躍なので、ともかく書いてみるという、書いちゃおう段階。
ステップ：中間なのですが、ここでの伸びが勝敗を決する、直すぞう段階。
ジャンプ：最終の着地段階ですので、全体の着地を決める、決めちゃうぞう段階。

ホップ・書いちゃおう段階

論文は、どう書こうかと考えるのはやめにして、ともかく書いてみることが大切です。書かないことには始まらない。というより、**書くことによって書けるようになります**。第2章・第3章・第4章で情報を集め、興味を絞り込んでも、いつまでたっても、なかなか書けるものではありません。

だから**ともかく書きはじめる**ことが大切です。書きはじめると、さっきまであれほどなにも書きようがないと思っていたのに、ま、それなりに書けるようになるから不思議です。というのもそれには理由があるのです。

それは、私たち人間は、頭だけではあまり深くは考えられないという理由です。私たちは紙の上で、パソコンの画面の上で、自分が書いた文字とにらめっこしながら考えているのです、実際は。それが証拠に、目をつむったままで、少し長い文章を「アタマの中で」

考えてみてください。……ね、できないでしょう。というわけで、

考えてから書くのではない、書くことによって考えるのである、と思ってください。

□ステップ・直すぞう段階

さてここからが勝負です。書いたものを修正します。修正すると、自分のいいたいことや、書けていないところが見えてきます。修正のポイントは、すでに前の項でのべた、印象・行為・文脈の三つのレベルからでてきます。

印象：漢字を少なく、一文を短く、段落と読点を少し増やし、文末表現に気をつけて。
行為：経験を呼び覚ます具体例を入れ、数字や具体物で見えるように示しましょう。
文脈：章・節・項のつなぎをきちんと入れて、つながりがわかるようにしましょう。

このうち、一番難しいのが、「一文を短く」です。そこで短くするテクニックを、簡単にお知らせしておきますね。一文の目安は、四〇字以内。六〇字を超えると怪しくなってきます。この本の一行は四〇字です。

【一文を短くするテクニック】

▽**同じ言葉、同じ意味の言葉を二つ入れない。**入っていたら二つにわける。

ここの**子どもたち**は、とても元気な**子どもたち**で、サッカーが大好きです。

ここの**子どもたち**は、とても元気で、サッカーが大好きです。

▽**「〜ですが」「〜したり」「〜だし」など、「が・り・し」がでてきたら、そこでわける。**

このうち、印象と行為のレベルからでてくるのは、この中間修正段階での細かな修正にかかわることで**ですが**、文脈レベルからでてくるものは、最後のジャンプに関係することです。

⇐

このうち、印象と行為のレベルからでてくるのは、この中間修正段階での細かな修正にかかわること**です。ですが**、文脈レベルからでてくるものは、最後のジャンプに関係することです。

▽**中をとって、後ろとくっつける。**前と同じ文章を、さらにわけてみました。

このうち、印象と行為のレベルからでてくるのは、細かな修正にかかわることです。それは、この中間修正段階でも同じです。しかし、文脈レベルからでてくるものは、最後のジャンプに関係することです。

どうでしょうか。最初は八一字でした。ですがいまは、三八字、二〇字、三六字で、合計九四字に増えました。このように分割したからといって、文章全体が少なくなるわけではありません。しかしやはり、スッキリとしてますよね。

□ジャンプ・決めちゃうぞう段階

この段階では、全体を見通して、ちゃんとつじつまがあっているかどうかを確認します。そういう意味では、とても重要な段階ということになります。

前にのべたように、言葉の意味は文脈に依存します。前後のつながりや、その場の雰囲気で、意味が逆転することも珍しくありません。では、文脈依存の言葉の意味を、少しでも正確に相手に伝えるにはどうしたらいいでしょう。端的にいえばこうです。

前と後ろをくっつけるノリを忘れるな。

文と文のあいだ：「そして・だが・ということは」といった接続詞を大切に。しかし、入れなくても入れたと同じように意味がとおる方がベター。

項と項のあいだ・節と節のあいだ・章と章のあいだ：これらのあいだには、次のような言葉を入れて、確認とつなぎをきちんとのべます。少しくどくなるのですが、そのぶん、自分の論理を確かめることになります。そしてなにより、読む人にとってわかりやすくなります。なぜなら、読む人ははじめてあなたの論文を読むのですから、少しばかりくどい方が親切なのです。

例文　「いまここでのべたように、この問題は、さらに次の○○の問題へとつながる。」

「前項（前節・前章）では、×××の問題を論じた。ここではそれをうけて、○○の問題を考えてみよう。」

《わかる文章の書き方のまとめ》

□わかる論文の基本作法

▷論文は結論から書く。

▷主題には「〜についての一考察」「〜についての研究」などをつけない。

▷論文は、先行研究を批判(吟味)して書かなくてはならない。批判は批難ではない。尊敬である。

▷引用は、そのままにしないで、必ず自分のコトバでいいなおす。長すぎず、短すぎず。あまりたくさん引用しない。

□わかる文章の三段階

▷印象レベル:漢字を少なく。接続詞はひらがなに。一文を短く。段落は1ページ五つ。読点を少し多めに。文末に気をつける。

[一文を短くするテクニック]

・一文に、同じ言葉を二つ入れない。

・「が・り・し」がでてきたら、そこでわける。

・中をとって、後ろとくっつける。

▷行為レベル:経験を呼び覚ます具体例を入れる。目に見えやすい、数字や具体物で語る。

▷文脈レベル:文、項、節、章、それぞれのつながりに注意する。

□強調したいこと

▷考えてから書くのではない、書くことによって考えるのである。

▷書く際の目安として割り振りから内容を考える。

▷論文は、自分の主張をわかりやすく、きちんと伝えるための文章である。

▷読む価値のある論文かどうかは、表題と最初の5行でわかる。結論は1行。

▷完全に正しく自分の思いを伝えることはできない。

▷つまったら友だちと先生の頭を借りよう。

▷前と後ろをくっつけるノリを忘れるな。

□ここがポイント

▷割り振りから内容を考える。

▷主張といってもいろいろ。

▷文は見えるように、絵は読めるように。

7　発表とふりかえり

さあ、もう最後です。

やっとここまでたどりつきました。いろいろあったなあーと、思いだされます。正直いって、かなり不十分だと感じているでしょう。でもともかくできあがった。

ということで、この章では、できあがった論文の発表のことをお話しします。パワポ（パワーポイント）や模造紙で発表しますが、それにも基本的なことがいくつかありますので、ちょっと気にしてつくってみてください。

それと、論文のチェックの方法についてもお話しします。プリントアウトしてチェックすると、いままで気づかなかったことに、「え！　なに！　なにやってんだか」と赤面するところが見つかります。私も、「若毛のいたり」と書いたことがあります。わかります？

このまちがい。

さあ、最後の一踏ん張り。

7・1　パワポの基本の基本

プレゼンテーション・発表にパワポを使うのは、いまではあたりまえです。でも、あいかわらず主客がひっくり返っているのをみかけます。つまり、自分の独りよがりで、相手のことを考えていないのです。そこで、まずはパワポの基本中の基本。

▽一枚のスライドに入れる字数は、一〇〇字以内（ただしプレゼンの目的によって変わる）
▽文字はゴシック体　あまり**細からず太からず**
▽書体は、表題と説明とをわけるのはいいが、あまりたくさんの種類を使わない
▽色も統一性のある三種類くらいにおさえる
▽アニメーションは必要に応じて使い、種類を統一して、奇抜なものは使わない
▽グリッド線に合わせて配置

こういったことが基本です。あまりコマゴマ説明しなくてもよいと思いますので、字数

の事例などにとどめます。この例をみてわかるように、三〇〇字は多すぎます。パワポの画面は、大きいようにみえますが、遠くにあるので実際は、かなり小さいのです。A４の紙を手に持って、画面にかざしてみればわかります。

MEL Museum Education Laboratory 2

300字 20P 1.5幅

パワーポイントの字数パワーポイントの字数パワーポイントの字数
パワーポイントの字数パワーポイントの字数パワーポイントの字数
パワーポイントの字数パワーポイントの字数パワーポイントの字数
パワーポイントの字数パワーポイントの字数パワーポイントの字数
パワーポイントの字数パワーポイントの字数パワーポイントの字数
パワーポイントの字数パワーポイントの字数パワーポイントの字数
パワーポイントの字数パワーポイントの字数パワーポイントの字数
パワーポイントの字数パワーポイントの字数パワーポイントの字数
パワーポイントの字数パワーポイントの字数パワーポイントの字数
パワーポイントの字数パワーポイントの字数パワーポイントの字数

Museum Education Laboratory MEL

300字　サイズ20p　行間1.5

MEL Museum Education Laboratory 5

100字 24P 1.5幅

パワーポイントの字数パワーポイントの字数
パワーポイントの字数パワーポイントの字数
パワーポイントの字数パワーポイントの字数
パワーポイントの字数パワーポイントの字数
パワーポイントの字数パワーポイントの字数

Museum Education Laboratory MEL

100字　サイズ24p　行間1.5

私たちは、一度にたくさん読めません。一〇〇字でも多いくらいです。でも、場合によっては細かくてもいい。それは、細かい説明には力点がなくて、ほかの表題やブロックの流れなどに力点がある場合です。たとえばそれは、次のような場合です。

こうしたことから、次のことがいえます。

パワポは、いいたいことを印象づける絵による説明であって、文字での説明ではない。

文字も絵もグラフも、みんな記号です。文字は比較的意味が決まっている記号です。ですが絵は、あまりはっきりとは決まっていない記号です。文字と絵のあいだには、交通標

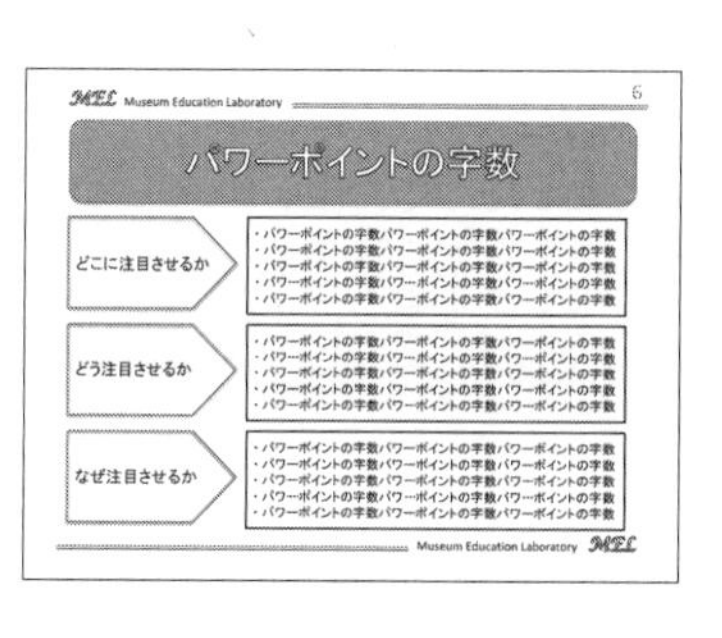

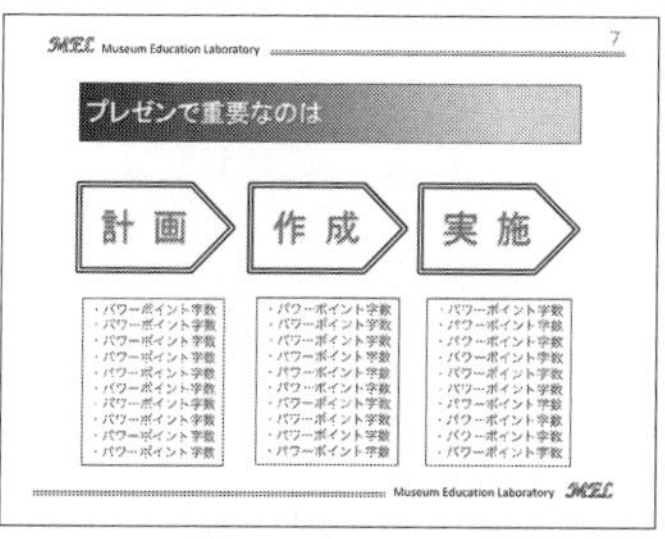

両方とも細かい説明に力点がなくて、ポイントや流れをつかんでもらおうとしている

識のように、決まっているけど図というものや、文字なんだけど絵だよね、という掛け軸のようなものまで、いろいろあるわけです。パワポの場合は、**文字も一つの絵なんだ**、と思ってください。

文字も一つの絵ならば、配置や流れが必要になります。文章で読ませようとしてはいけません。すべての文字は絵なので、線で囲ってブロック化して、それらを結んで、その配置で理解してもらうことが大切です。

7・2 パワポもいいけど模造紙もいいよ

パワポの画面は切り替えていきますので、前のスライドは消えてしまいます。しかし、それらを一挙にならべてプレゼンできるのが、ポスター・セッションと呼ばれる発表です。学会では、よくやっています。

ポスター・セッションでは、模造紙一枚、多くても二枚で発表がなされます。大学レベルでは、拡大して印刷できるプリンターがあるので、パワポやWordでつくった資料を模造紙大に大きくして張り出します。しかしみなさんの学校ではそれは難しいかもしれません。

そこで、ここでは、一般的なA４で印刷して、それを模造紙に貼りつけるという方法を考えましょう。B４だと、３×３で、ぴったり模造紙を埋めることができるのですが、表題部分がなくなってしまいますので、ここではA４で考えましょう。

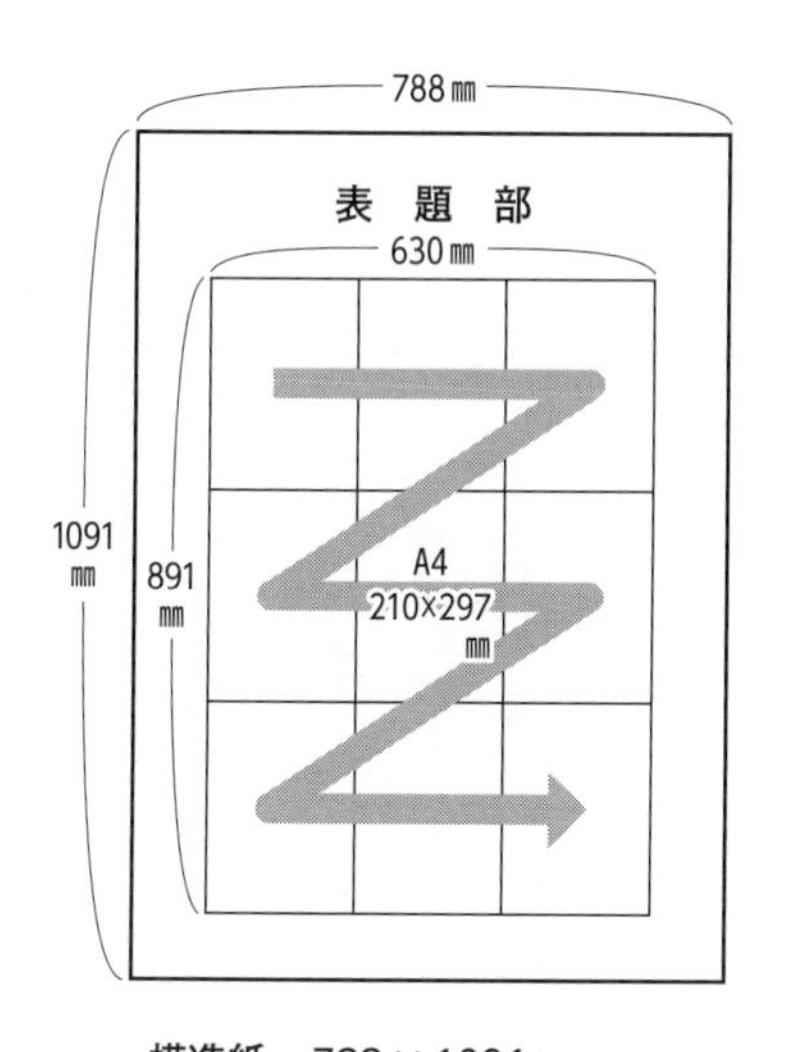

模造紙＝788×1091㎜
A4＝210×297㎜
模造紙の縦横からA4×3の縦横を引くと
1091−（297×3）＝A4×3枚で200㎜余る
788−（210×3）＝A4×3枚で158㎜余る

ポスター・セッションでも、パワポで資料をつくります。パワポの画面は、一般的には横長ですが、これを次の手順で、A４縦置きのかたちにします。

「デザイン」タブの上部の右の方にある「スライドのサイズ」を
　クリックします。

「ユーザー設定のスライドのサイズ」をクリックします。

出てくる「スライドのサイズ」ダイヤログボックスの
　「スライドのサイズ指定」をA４にします。
　しかしこれでは、まだ横長になっていますので、
　「印刷の向き」の「スライド」の縦にチェックを
　入れます。これで縦長になります。

ここで「OK」を押すと、新しいダイヤログがでてくるので、
　「最大化」を選びます。
　これでA４縦置きの画面になります。

ここまでくれば、後はつくるだけです。

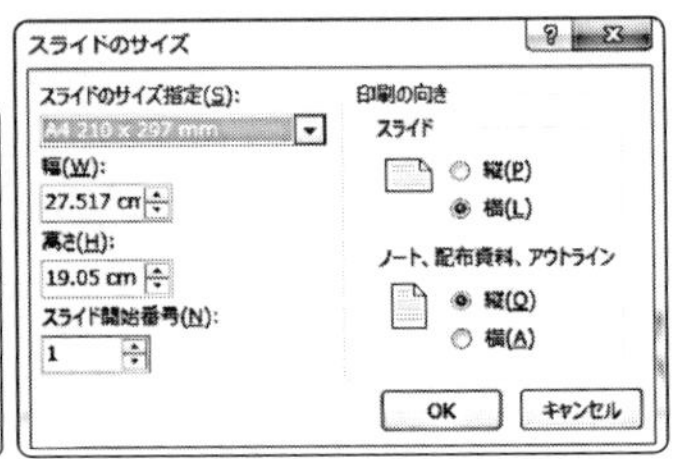

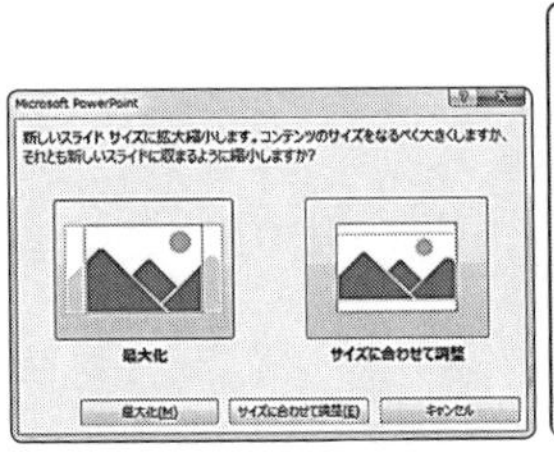

ですが、ここで注意しなくてはならないのは、Ａ４一枚にあれこれ組み込まないことです。中心的主張、論点1、論点2、といった具合に、一枚に一つを心がけてください。一枚一枚をくっつけずに、少し離して、それらを話の筋によって線で結ぶというのも考えてみてください。Ａ４一枚を、一つの絵と考えて、「絵は読めるように」の原則から、読む人の目を導いてください。

さて、これですべてが終わった、と思ってはいけません。むしろ、ここからが大切です。いままで、なんどか印刷して見なおしているとは思います。ですが、まだまだいろいろ問題があるかもしれません。次のページの「論文チェックシート」で、あらためて自分の論文を見なおしましょう。

見なおすと、かならず問題点が見つかります。それは何度やっても、かならず見つかるのです。ですから、最後の最後まで、可能ならばお家の人や友だちにも、読んでもらうのがいいかと思います。他人は、自分ではわからなかった問題点を見つけてくれますので。

最後まで、気をぬかずに頑張りましょう。頑張れば、提出した後の、爽やかな風がまっていますよ。

【付録】論文チェックシート

論文は、書き上げてすぐにだせるわけではありません。きちんとチェックしましょう。次のチェック項目を参考に、自分の論文をみなおしてください。けっこう、いろいろありますよ。

☐内容についてのチェック項目

☐あなたの主張は主張になっていますか。ありきたりの主張・意見になっていませんか。

☐論文の表題は、あなたの主張がみえるものになっていますか。

☐要約は、論文の内容をきちんと反映し、その価値がわかるように書かれていますか。

☐キーワードは、あなたの論文内容を適切に反映したものが選ばれていますか。

☐冒頭の結論についての文章は、短く適切ですか。

☐節と節、項と項のつなぎは、じゅうぶんですか。

☐先行研究の参照・分析は、適切でじゅうぶん納得のいくものになっていますか。

☐引用した後に、きちんと自分のコトバでいいなおして、分析・評価をしていますか。

☐論理の展開は適切で、かつ説得的ですか。

☐アンケートの集計は、適切になされていますか。

☐インタビューの内容は、論文の内容にきちんと反映されていますか。

☐表記についてのチェック項目

☐難しい漢字を使っていませんか。漢字の使い方は、一貫していますか。

☐接続詞は、適切にひらがなになっていますか。

□誤字・脱字はありませんか。
□一文の長さは、長すぎないですか。
□一つの文に、同じ言葉、同じ意味の言葉が二つ以上入っていないですか。
□読点は、適切につけられていますか。一行二二字なら、最低一個が目安。
□段落は適切にとられていますか。一ページに五つが目安。二段組みなら一段に四つ。
□図や表のキャプションは適切ですか。
□ネット上の図や写真やイラストを使う場合、著作権の侵害になっていませんか。
□名前・所属（クラス）・学生（受験）番号・指導教員名は、もれなく書かれていますか。
□インタビューに協力してくださった方の紹介は適切ですか。
□人の名前、顔写真は、プライバシーの侵害にならないようになっていますか。
□差別用語・ステレオタイプな表現はありませんか。
□必要な謝辞は、ちゃんともらさず入っていますか。
□注釈の内容は、適切ですか。本文に入れた方がいいものはありませんか。
□引用・参考文献リストは、適切かつ正確になされていますか。アイウエオ順、アルファベット順になっていますか。

□観察・実験の内容チェック項目

□観察の日時・場所・対象・方法について、きちんとまちがいなく書かれてありますか。
□実験や観察の結果の数字や写真などに、誤りや改ざんはありませんか。
□実験の方法は、きちんと書かれてありますか。
□結果の考察は、きちんとできていますか。

添削記号の使い方

論文を書いている途中でも、何度も書いたものをプリントアウトして、文章の吟味をしてください。印刷して読むと、パソコンの画面上ではわからなかったことに気づくものです。下に添削記号の一覧を掲載しますので、これを使って、自分の文章を添削しましょう。

字句・文章訂正						字間・行訂正
字句訂正	字句削除	字句削除の訂正	字句挿入	書体変更	前後入替え	あける
	トル	トル イキ		ゴチ		

字間・行訂正			文字列揃え訂正		
つめる	行替え	行接続	位置下げ	位置上げ	字列整列

論文相談室　高校の先輩と先生が答えます

筆者のひとり片岡則夫のいる清教学園高等学校では、二年生が論文の書き方について質問し、論文作成を終えた三年生がそれに答える、という機会を設けていました。ここに紹介したのはそのなかから引用したものです。筆者が書いたものもありますが、先輩が後輩に送るメッセージを読んでもらいたいです。なお文章はほぼ本人の書いたままですが、授業独自のいい回しなどは適宜加筆修正しています。

1　テーマ設定について

【問い】○○って論文になると思いますか。
【答え】なります。

「○○」にはその生徒が学びたい物事や分野が入ります。たとえば、「『パン屋さん』って論文になると思いますか」と問われればいつでもだれに対しても同じ、「なります」です。つまり、論文にならない、テーマが設定できないことがらや分野はひとつもありません。図書館にパン屋さん（製パン業）の本があるなら、だれかが興味を持ってテーマにしているのです。

【問い】○○って（楽に）論文になると思いますか。
【答え】なりません。

この問いへの答えはいつでも「なりません」です。簡単にテーマが設定できて、楽に論文が書き上がる分野はひとつもありません。反対にそうした逃げ道を考えると、つまり、楽そうなテーマで手を打ってやり過ごそうとすると、かえって苦しくなります。論文作成は、「楽しくて苦しい」か「苦しい」のどちらかです。こんな質問をするよりは、「このことがらについて興味があるだろうか、自分は楽しんでいるだろうか」と自問自答した方がいいです。その問いへの答えに応じて、進路は変わります。

【問い】〇〇っておもしろいですか。

【答え】おもしろいです。

おもしろくない研究対象はないです。筆者はそれまでほとんど関心のなかった中高生の研究分野にこれまでつきあってきました。たとえば「すだれ」「カラオケ」「まとめサイト」などです。ところが、アドバイスのためもあって調べてみると、そのどれもがおもしろく重要なことに思えました。自らの世界も広がったような気がします。

同様な質問に「〇〇で規定の字数が書けますか」もあります。回答は「書けます」です。どんな些細なことでも、論文は成立します。むしろ、些細なことがらを気にしてこだわるからこそ、そこから広い世界、深い問題が見えてくることも多いのです。

反対に不安になるのが、研究対象を決めた理由として「資料があるから」「世間で話題になっているから」をあげるケースです。資料があっても興味がなければ、それらの資料に飲み込まれるだけでしょう。また、世間で話題になっていることが、自分にとって重要な問題であるとは限りません。

【問い】興味はあっても「調べました学習」になってしまいます。どうしたらいいですか。

【答え】とりあえず「調べました学習」を進めてください。

調べて写すことは論文づくりの基本です。調べず写さずに論文ができるわけがないからです。だから、不安があってもとにかくおもしろい、大切だと思う部分をどんどん入力します。「下手な考え、休むに似たり」です。とはいえ、このままでは、やはり「調べました学習」です。そこで、大切になるのはピースのコメントです。「この引用から自分がなにを考えたのか」を書き加えます。そうしたくりかえしの中で自分なりの問いが生まれてきます。

【問い】先生がテーマを考えてくれませんか。

【答え】考えません。

こうした質問を面と向かってする人はさすがにいません。しかし、「面接しているとそのうち、なにかいいテーマを先生が与えてくれるかもしれない」と期待する人がいるとまずいので書いておきます。面接で「こんなテーマもあるよね」と提案する場面はあります。また、おもしろがって問い（テーマ）から、答え（結論）までのストーリーを思いつく場合もあります。しかし、注意してください。その思いつきのテーマやストーリーが、その人にとって本物かどうかはまったく責任が負えないのです。かえって妙なアイディアを口にしてしまったがために、その人が本来見出すべきもっと大切なテーマへの道をふさいでしまっている可能性もあるのです。

要は、先生には期待しないことです。子どもが母親からしか産まれないように、テーマは自分の中からしか生まれないのですから。先生にできるのはテーマが生まれる手助けです。助産師さんがあなたの子どもを産んだりしませんよね。

【問い】どうすれば頭の中からテーマがでてくるのでしょうか。

ほんとうに恐ろしいことだ。自分が今考えている以外のものが最終的には論文として完成しているということなど想像もできない。では、どうやって頭の中からそのテーマがでてくるのだろうか。その発想の方法を教えてほしい。まずは今考えているテーマのいくつかに真面目に取り組み、自分に合っているかどうか、書けるかどうかを検討していくべきなのか。［高校男子］

【答え】手間を惜しまず学べばでてくる。

あなたは自分の問いに自分で立派に答えています。テーマを決めて論文を完成させるには、今考えているテーマに真面目に取り組み、書けるかどうかを確かめるしかないです。それが本物になるかどうかは学んでみないとわからないからです。その手間を惜しんでしまうと、いつまでたってもテーマは決まりません。大部分の先輩は何度もテーマを変えています。また、変えたからこそ自分のテーマに出合えたのです。

【問い】論文作成のうえで一番重要なことはなんですか。

【答え】自分のテーマに向き合ってのめりこむこと。

論文作成の目的はなんですか。ただ字数を稼ぎたいなら本や資料をひたすら読んで情報をあつめたり、中身の薄いフィールドワークをして字数を稼いだらいい。もし、よい論文をつくりたいと思うなら自分のテーマに向き合ってのめりこんだら何も問題はないと思います。じつは自分はこの論文テーマを決定するうえで、論文の書きやすさで最初選んでしまっていました。しかし、そんな薄っぺらい考え方では書くどころか、その前段階でつまずいてしまう。要は、自分が興味を持ったテーマで最後まで関心を持ちつづけて論文を執筆するのが論文作成でもっとも大事なことだと思う。一番重要なことはテーマに対して自分なりの考えで答えを出すこと。答えが出なかったり、テーマが迷走してなかなかうまく進まないことがあると思うが、最後まで論文作成にのめりこんでください。［高校男子］

【問い】テーマ決めのための時間をどれくらい使ったらいいのですか。

「テーマ」決めは早いほうがよいといわれてきたが、提出直前まで思いを巡らすとはどういうことなのだろうか。第一に「テーマ」を決めないと論文は書けないはずだ。はたして「テーマ」選びに時間をどれくらい割けばよいものか……。「テーマ」決めをするのにほんとうに自分の思うようにうまく行くのか、今から不安である。［高校男子］

【答え】**論文作成ははじめから終わりまで「テーマを設定しつづける」過程です。**

当然の疑問ですね。「テーマを決める」と簡単にいっても、その決まり方は人それぞれです。よくある場合を例にあげてみます。

①「学びたい分野が決まる局面」。君ならさしずめ「鉄道」というジャンルは決まっているかもしれません。

次に②「学びたい分野の中に、ある方針を決める局面」があります。たとえば、鉄道の中でも「食堂車の復活に関心がある」といったところです。

さらに③「方針を『問い』のかたちに洗練させる局面」がきます。たとえば、「食堂車を復活させ、同時に地域経済を活性化するためになにができるか」といったところです。

このようにして、論文のテーマは「分野」→「方針」→「問い」のかたちで煮詰められてゆくこともあります。授業では「テーマが決まった」というときは③の「問い」が決まった局面を指している場合が多いです。仮に「食堂車」という方針が決まったのなら、とにかく資料を読んで、ピースを蓄えよう。つまり問いが決まるずっと前から論文の執筆は始まっています。

【問い】**「問い＝テーマ」を決めてから、方針を決めるものではありませんか。**

テーマ設定の前に分野・方針を決めるとはどういうことなのか。テーマとは目標なのではないだろうか。そうであれば、テーマを決めてから方針を決めるのが順序ではないだろうか。また方針とは何なのか。［高校男子］

【答え】**「分野→テーマ」「テーマ→方針」、道のりはいろいろ。**

「分野」→「方針」→「問い」のルートでテーマが決まることもあります。一方で、君のいうように「はじめから目標（テーマ・問題意識）がある」ルートもまたあるのです。先輩の例でいえば「外来魚の問題をなんとかしたい」「女性にとって結婚はよいことか」といった問題意識がある場合です。解決すべきテーマ（問い）がすでにあるのだから、逆に解決のための「方針」を決めなければなりません。テーマに対する学ぶ「分野」（切り口）もいろいろ考えられます。外来魚を生態学から、動物保護行政と法律から、ペットショップの実態から、特定の絶滅危惧種から、などです。このようにはじめから目標がある場合、その解決（答え・結論）に向けて、分野や方針を決めながら学ぶことになります。

【問い】ある程度「社会問題」じゃないとだめですか。

社会問題とは一見書きやすそうだが書き出すとどこかでいきづまってしまうものだ。また、ある程度論文らしいものは書くことができても、書いた本人があまり理解できずに何が書きたかったのかわからずに終わってしまうことが多いと思う。それでもやはり社会で問題になっていることのほうが論文作成ではいいのですか。［高校男子］

【答え】個人的な趣味でも「社会的な問題」になりうる。

君の感覚は正しいです。先輩も「自分の興味ではなく『マスコミの興味』を研究テーマにして失敗した」という感想を残しています。今年も、自分の関心から逃げ出して「韓国との領土問題」といいだした生徒がいました。「話題だから」というのが理由です。しかし、結局あきらめました。付け焼き刃でなんとかなる問題ではないのです。「マスコミ的な社会問題（よくない事件など）」が自分の問題とは限りません。評論家やキャスターがていねいに、ときにはおもしろおかしく解説するから、その場はおもしろいように感じているだけではないのですか。むしろ、自分が心底関心を持ったことがらが、いかに社会にとって意味があるのかを考えたほうがいいです。どんなに個人的な趣味であっても、それが社会に存在する以上、かならず「社会的な問題」になりえます。たとえそれが「美少女ゲーム」であったとしても、「カラオケ」であったとしても。

【問い】興味あるテーマが複数あるのですが。

【答え】ほんとうにそのテーマで論文を書いていて楽しいのかを考えてみてください。

私も興味のあるテーマがたくさんありました。しかし、自分がそのテーマに興味を持ちはじめたきっかけをよく考えてみると、どのテーマも同じことがきっかけになったのがわかりました。だから、一度よく考えてみてください。どうして自分はこのテーマに興味を持ったのか、きっかけはなにか。そして、一番大切なことは、ほんとうにそのテーマで論文を書いていて楽しいのか。それを踏まえてもう一度考えてみてください。［高校女子］

【問い】テーマを変えたきっかけはなんでしたか。また、変えたテーマはもともとやっていたテーマとはかけ離れたものでしたか。それとももともとのテーマに準じたテーマになりましたか。教えてください。

【答え】もともとのテーマから発展していき今のテーマにいたりました。

はじめはコレが好きだから、という理由でテーマを決めてそのことを調べていくうちに、自分はそれの何が好きなんだろうかとか、なぜこんなことが起きているのか、など、はじめとはまた違ったテーマが見つかることもあります。今のテーマで書ききれる気がしないのであればテーマを変えるべきだと思いますが、他にパッとしたテーマが思いつかないのであれば、とりあえず今のテーマでつづけてみればいいと思います！　本を読んでいて気づくこともありますよ！　［高校女子］

2 フィールドワークについて

【問い】フィールドワークに東京まで行った先輩がいると聞きました。一人で東京まで行ったのですか。

【答え】一人で行く人もいます。

その人は一人で行ってきたようです。フィールドワークは、するまではひじょうに緊張します。でも、やってみると皆優しくしてくれて楽しいものでした。思いきってチャレンジしていくことが大事だと思います。［高校男子］

【問い】フィールドワークは一番楽しかったとよく聞くのですが、そうなのですか？

【答え】一番楽しいです。

ぜひ頑張って行ってみてください。これをいうとそれ目当てで行ってしまうかもしれませんが、僕の友だちでフィールドワークに行っていろんなものをもらった人もいます。たとえばお菓子の会社に行っていっぱいお菓子をもらってきたり、化粧品会社に行って化粧品をもらってきたりした人もいました。また、実際その道の人の生の声を聴くのはとても参考になり、論文もたいへんはかどると思います。行く価値はあると思います。頑張ってください。［高校男子］

3 図書館・文献の収集について

【問い】論文を仕上げるのにどのくらいの本を活用し、また読みましたか。

【答え】私はだいたい一〇〜一二冊程度の本を使いました。

すべて読んだという本は少ないです。全部を読む必要はないです。たしかに学校図書館の資料だけでは、知識量も足りないし引用したい本も見つけきることができませんでした。公共図書館はできるだけ大きな所へ行ったほうがいいと思いますが、返却しやすいという点も考慮するといいと思います。目次を見て自分の調べたい項目だけを読むなど工夫をしてみてください。ただ、二冊程度は知識を深めるためにもしっかりと読むことをおすすめします。[高校男子]

【問い】今のテーマは資料を集めるのが難しくあきらめたいのですが、新しいテーマが決まりません。
【答え】図書館をブラブラしよう。

私の場合は、図書館をブラブラしていたら目についたタイトルの本があって、そういえば好きだなと思ってそれにしました。けっこう軽い動機だけど、タイトルに興味を持って内容を読んでみると、意外と引き込まれる内容だったりするので、図書館ブラブラはおススメです。私のテーマは学校の図書館で資料を見つけにくかったです。なので、公共の図書館（市立中央図書館）のレファレンスコーナーで相談しました。自力で探すには図書館は広すぎたし、自分がそのテーマを書くにあたって何の本をあつめていいかがわからなかったので、すごく助かりました。なので、もし新しいテーマが決まっても資料が集めにくかったら、相談したらいいです。[高校女子]

4　論文執筆について

【問い】長い文章が書けません。コツがありますか。
【答え1】書いているうちに書けるようになってきます。

私も文章を書くのがあまり好きではありませんでした。でも書いているうちに慣れてきますよ。論文はけっこう長い時間いろいろ考えながら書くことができるので書くのが遅いとかは、あまり気にし

なくてもいいかなと思います。［高校女子］

【答え2】コツはフィールドワーク。

　文字数を稼ぎやすいのはフィールドワークです。フィールドワークはぜひ行ってください。また、まったく文字数を増やすことができなくなってきたときは、とにかくピースをたくさんつくるといいと思います。後々役に立つときがくると思います。自分の好きなことならだれでもやる気が出てくると思います。調べていくことが楽しくなってくるからです。しかし、それを文にすることに苦労した人はいると思います。

　興味のないことで書き抜くのは苦しいと思います。また、資料の少ないテーマもたいへんです。私のテーマは資料がたくさんあったので、つまったときなどに引用などをして進めていくことができました。あまり興味がなく、資料も少ないテーマは苦しくなってくると思うのでテーマ変更を考えた方がいいかもしれません。［高校女子］

【問い】規定の字数を書き上げる自信がありません。

【答え】最初はみんな、そんなもんです。

　始めたころは、「マジ死ぬ」と口をそろえていっていました。でも、ほんとうに自分が興味のあるものに出合うと、むしろ、足りないくらいです。「あれも書きたい」「これも書きたい」と足していって規定文字数もあっという間です。

　思いついたことはそのたびに書くことを勧めます。そのときにしか浮かばない考えや意見の可能性もあるからです。先生が指摘やヒントをくれることもあります。そのヒントからまた疑問が生まれ、文字数も増やせるはずです。［高校女子］

おわりに

さてこの本もおしまいです。ここでは著者のふたりからあらためて「なぜ論文作成なのか」についてそれぞれの思いを書こうと思います。まずは片岡から。

世界は学ぶに値する

「論文作成（探究学習）、中高生に必要ですか」。そんな疑問があるかもしれません。たしかに、中高生が頑張ったとしても世界に新たな知識を加えるのは難しいです。それでも論文を書いてほしいのです。論文作成がその人にとって人生の「芯」になる経験をもたらすからです。世の中の見方・考え方の基本を育てる、といってもいいです。

なにより自分の中の鉱脈や泉を正面きって探して学べる機会は論文作成（探究学習）にしかありません。「何を、なぜ学ぶ？」そうした問いに答える先に、「自分は何をめざすのか」「どう生きるのか」のヒントがほのかに見えてきます。

「学びをいつまでも人任せにしてはならない」とも思います。学校のカリキュラムは大切です。でもその内容は自分では選べません。食事でいえば給食や定食です。いつまでも食べさせられるのを待っていないで、自分で食材を集めて献立を考え味わう学びに挑戦してください。

私のいる学校図書館には、中高生の論文や調べ学習、約一五〇〇冊が蔵書になっています。自分のお世話になった参考文献の隣に分類順に並んでいます。こうして役立つのが論文のそもそもの役割です。「こんなテーマで学んだのか。なら自分は……」、後輩がそう感じて、また論文を残していく、そのくりかえしが「文化」の原型なのです。

「論文を書くとこんないいことがあるよ」といわれます。この本のはじめにも「これからの大学受験に役立つ」と書きました。「情報活用能力」「言語技術」「プレゼン力」……。こうした技能は実際一生役に立ちます。単位も貰えれば、「コンクールで入賞！」そんな幸運もあるかもしれません。

しかし、論文作成（探究学習）は能力や結果が第一の目的ではないのです。主体的な学び、の過程そのものが目的です。わかりにくいかもしれません。論文作成の道のりは、あなたが天から賜った才能や資質——よく生きるためのもとでやもちまえ——を自然に育ててくれます。こうした資質は、たとえば、「本を探して読むと楽しい。世界を知り仲間を探すのは素敵だな！」という読書観として現れます。さらに「世界は学ぶに値するね！ 自分の学びはきっとだれかの役に立つはずだよね」という学習観としても現れるはずです。こんな世界観につながる論文作成に挑戦してはみませんか。未来をよく生きようとするあなたに、この本が役立つことを心より願っています。

あなたがあなたであるために

小笠原です。論文は簡単！ なんていいません。論文は難しいです。書くのも苦しいです。でも、やりようによっては、案外そうでもないし、なにより普段の勉強よりも、自由で楽しい。じゃあ、なんのために難しくて苦しい論文なんて書くのでしょう。

大きくは、あなたのためです。あなたが、あなたをみつめ、あなたであるためです。

小さくは、社会のためです。あなたが、あなたをみつめ、あなたであるならば、もしかすると社会は少し変わるかもしれません。

あなたは、ひとりです。他のだれでもない、あなたはあなたです。

あなたがひとりで、あなたであるなら、それはとても大きいことです。世界をつつみこむほどに。

あなたが、あなたをみつめ、あなたであるために、論文は書かれるのです。

この本は、あなたがあなたをみつめ、あなたの思想をつくる航海をガイドするために書かれました。あなたがあなたであるための航海には、最初は先人のつくった海図と航海術や羅針盤が必要です。でもその海図は、あなたの航海の中で、あなたによってつくり直されなくてはなりません。

その海図、それはあなたのこれからの、さらなる航海のための、あなただけのものです。

それが、論文です。

＊＊＊＊＊

この本は、著者二人がある論文コンクールの審査会場で会ったときに考えられました。新しい大学入試は、いままでの学力観の大転換なので、なんとか根付かせたいね、それには中高生向けの論文の書き方の本がほしい。ということで、講談社の編集者・所澤淳氏に相談しました。すると、所澤氏もそういう本がほしいと思っていたというのです。なにか運命的なものを感じました。ですから、著者二人と編集者のたまたまの意見の一致がなければ、これほどにスピーディーにできなかったかもしれません。最後に改めて、これまで率直な意見をおっしゃっていただいた所澤氏に感謝申し上げます。

講談社現代新書　2511

中高生からの論文入門

二〇一九年一月二〇日第一刷発行　二〇二二年一〇月二一日第一〇刷発行

著　者　小笠原喜康　片岡則夫

発行者　鈴木章一
発行所　株式会社講談社
東京都文京区音羽二丁目一二―二一　郵便番号一一二―八〇〇一
電　話　〇三―五三九五―三五二一　編集（現代新書）
〇三―五三九五―四四一五　販売
〇三―五三九五―三六一五　業務
装幀者　中島英樹
印刷所　株式会社新藤慶昌堂
製本所　株式会社国宝社
定価はカバーに表示してあります　Printed in Japan

N.D.C. 816　222p　18cm
ISBN978-4-06-514415-2

「講談社現代新書」の刊行にあたって

教養は万人が身をもって養い創造すべきものであって、一部の専門家の占有物として、ただ一方的に人々の手もとに配布され伝達されうるものではありません。

しかし、不幸にしてわが国の現状では、教養の重要な養いとなるべき書物は、ほとんど講壇からの天下りや単なる解説に終始し、知識技術を真剣に希求する青少年・学生・一般民衆の根本的な疑問や興味は、けっして十分に答えられ、解きほぐされ、手引きされることがありません。万人の内奥から発した真正の教養への芽ばえが、こうして放置され、むなしく滅びさる運命にゆだねられているのです。

このことは、中・高校だけで教育をおわる人々の成長をはばんでいるだけでなく、大学に進んだり、インテリと目されたりする人々の精神力の健康さえもむしばみ、わが国の文化の実質をまことに脆弱なものにしています。単なる博識以上の根強い思索力・判断力、および確かな技術にささえられた教養を必要とする日本の将来にとって、これは真剣に憂慮されなければならない事態であるといわなければなりません。

わたしたちの「講談社現代新書」は、この事態の克服を意図して計画されたものです。これによってわたしたちは、講壇からの天下りでもなく、単なる解説書でもない、もっぱら万人の魂に生ずる初発的かつ根本的な問題をとらえ、掘り起こし、手引きし、しかも最新の知識への展望を万人に確立させる書物を、新しく世の中に送り出したいと念願しています。

わたしたちは、創業以来民衆を対象とする啓蒙の仕事に専心してきた講談社にとって、これこそもっともふさわしい課題であり、伝統ある出版社としての義務でもあると考えているのです。

一九六四年四月　野間省一